心一堂術數古籍珍本叢刊

書名：蔣大鴻嫡傳水龍經注解 附 虛白廬藏珍本水龍經四種（八）
系列：心一堂術數古籍珍本叢刊 堪輿類 蔣徒張仲馨三元真傳系列 第二輯 194
作者：【清】蔣大鴻編訂、【清】楊臥雲、汪云吾、劉樂山註
主編、責任編輯：陳劍聰
心一堂術數古籍珍本叢刊編校小組：陳劍聰 素聞 梁松盛 鄒偉才 虛白廬主

出版：心一堂有限公司
通訊地址：香港九龍旺角彌敦道六一〇號荷李活商業中心十八樓〇五－〇六室
深港讀者服務中心·中國深圳市羅湖區立新路六號羅湖商業大廈負一層〇〇八室
電話號碼：(852)67150840
網址：publish.sunyata.cc
電郵：sunyatabook@gmail.com
網店：http://book.sunyata.cc
淘寶店地址：https://shop210782774.taobao.com
微店地址：https://weidian.com/s/1212826297
臉書：https://www.facebook.com/sunyatabook
讀者論壇：http://bbs.sunyata.cc/

版次：二零一七年七月初版
平裝：十冊不分售

定價：港幣 二千八百元正
新台幣 一萬零八百元正

國際書號：ISBN 978-988-8317-46-2

香港發行：香港聯合書刊物流有限公司
地址：香港新界大埔汀麗路36號中華商務印刷大廈3樓
電話號碼：(852)2150-2100
傳真號碼：(852)2407-3062
電郵：info@suplogistics.com.hk

台灣發行：秀威資訊科技股份有限公司
地址：台灣台北市內湖區瑞光路七十六巷六十五號一樓
電話號碼：+886-2-2796-3638
傳真號碼：+886-2-2796-1377
網絡書店：www.bodbooks.com.tw
台灣國家書店讀者服務中心：
地址：台灣台北市中山區松江路二〇九號一樓
電話號碼：+886-2-2518-0207
傳真號碼：+886-2-2518-0778
網絡書店：http://www.govbooks.com.tw

中國大陸發行 零售：深圳心一堂文化傳播有限公司
深圳地址：深圳市羅湖區立新路六號羅湖商業大廈負一層〇〇八室
電話號碼：(86)0755-82224934

心一堂微店二維碼

心一堂淘寶店二維碼

秘傳水龍經卷五上

地理之書真偽雜糅山龍猶有善本平洋隻字不傳世本紛紛類皆不知妄作俗士罔察謬以高山龍法與平地同論遂使妄墳立穴盡失其宜中格合符百無一遇固天機之秘惜亦俗術之誤人顧此茲茲可勝悲惋予自得無極真傳洞悉高山平地陰陽一宅秘旨曾有水龍經一書藏之名山未敢輕洩人世康子春偕吾友余曉宗過同郡鄒子所客有以水龍經一卷見示與予所藏大同小異披覽之餘深嘆二百

年絕學、竟有從推測中、得其梗槩者、是書不知何人
所著、考其年次、應在萬歷中年、大抵江湖術士、歷覽
已成之蹟、不拘牽於俗論、而自抒其所見有如此、雖
猶未究精微之蘊、然亦可謂絕倫軼妙之才矣、其亦
有所傳授、以及此乎、特未識三元九宮秘要、其所見
成敗興亡、皆中元甲子格局、而論列方隅體勢、尚不
無偏曲龎雜之譏、予故刪其訛失、存其合道者若干
篇、綴予所藏定本之末、與第三卷圖例互相參考、雖
間有重複、而層見疊陳、益以証大同之旨、庶幾作者

之初懷不沒而學者亦可以廣其義類焉爾杜陵中
陽子蔣平階大鴻氏手訂并題

原書總論

人稟天地之氣而生乃生者不能不死故生必有宅死必有墳若宅墳俱吉則人鬼皆安人安則家道興隆鬼安則子孫昌盛是以人當擇地而居尤當擇地而葬彼夫富貴悠久之家必有祖塋蔭注祖宗者根荄也子孫者枝蕊也根藏肥美之地而枝葉茂盛根居瘠薄之地而枝葉焦枯者其常理也然而擇地之道實不易言四

方風土不同、形勢各異、或在山谷、或在平洋、以至石間水底作穴、亦種種不類、葬書云、水底必須巨眼、石間務得明師、以此論之、寔爲微妙、夫相地要察來龍、點穴必迎真脈、岡阜水道皆龍脈也、宜迢迢而來、如轉龍換骨、移花接木之意、所謂枝幹也、葬書又曰、得水爲上、藏風次之、乃爲結穴之地、陶公曰、雌雄相喜、天地交通、故水不離山、山不離水、推形納穴、隨類而定、須得九星臨照、宜逢三吉、仍避六凶、又要環抱宛轉、兩肋寬容、方正立向、收水必合星卦、水口以關鎖而入格、朝堂後砂法而有情方爲吉地經云地貴平而土貴支故平洋之地亦支脈相牽不離山水也試觀平洋之地池河田土前無山龍後無支脈立宅安墳既無龍脈之來又無星峯之應有無龍虎護衛外無印案朝迎坐向不辨五星水路何分八卦然而一得其地往往富貴非常平洋形局反勝於岡阜者何也先賢云有山傍山無山傍城有水就水無水依形蓋平洋以水爲龍水積如山脈之住水流如山脈之動水流則氣脈分飛水積則氣脈攢聚大河類榦龍之形小河乃支龍之體後有河兜便是榮華之

宅前逢池沼知為富貴之家左右環抱有情堆金積玉前後縈迴無破紆紫拖朱地欲水之生情喜其旋繞朝穴水乃龍之引脈忌乎沖射反弓最嫌激割牽消多憂少樂尤怕斜飛逼拘不久而貧或水路前朝而立宅或田坏後掩以安墳皆所不取總之地理必須研究陰陽貴在專精若積陰功天必護佑福輕者難遇明師福厚者自逢吉地盡人事以待天心其必由斯道也因集成是書以示後之學者

水龍尋脈歌

地理眞傳世罕逢、陰陽之術妙難窮、尋龍捉脈觀山水、
岡阜平洋總是同、平洋之地水爲龍、四畔茫茫莫認踪、
若使明師精妙理、追尋源脈辨雌雄、水龍妙法少人知、
愼勿輕傳與俗師、不是盧衷能識變、按圖索驥總成癡、
水來元武是龍身、定穴君須看水形、積聚自然成結構、
分流氣散穴非眞、大水縈迴是幹龍、小河支水喜相逢、
幹龍氣盡難安穴、穴點支龍福自崇、元武之地有湖池、
宅臨前面福相隨、安墳作穴如逢此、積玉堆金賜錦衣、
湖池兜水不通流、水若通時氣不留、如見田圩關水口、

兒孫富貴永無休、江河龍脈氣歸灣、印案明砂仔細叅、
若是局中無破綻、兒孫衣錦侍朝班、流來水勢似刀槍、
射脇沖心不可當、尖利田圩爲絕地、殺傷官訟退田庄、
後水來龍似反弓、兒孫悖逆各西東、葬埋遇此無情水、
退盡田園守困窮、水要彎環莫直流、徑來竟去是爲凶、
更兼四畔無遮掩、浪打風吹最可憂、十字水形無後前、
井字廿字總一般、衆人共處方爲吉、一室孤栖不可安、
水勢灣環轉抱身、行龍眞氣此中存、如逢去路多屈曲、
下後兒孫作貴臣、

金星城格

水城化出五星名
尤取金城最吉星
不論支流并幹水
無分池沼與溝汀
左圍右抱皆堪喜
後倚前朝並可親
若得此形爲穴體
管教福至禍無侵

大鴻補圖并題

金星凶格

金星如仰外

家退田園敗

墓同

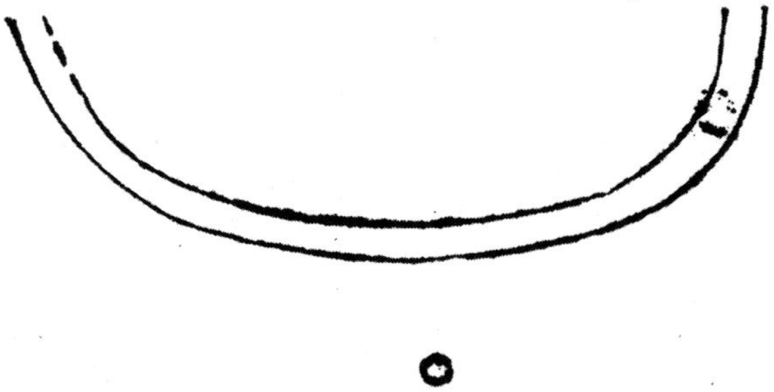

金水相生格

金星如出水

水短方爲貴

金内水外

貴多富少

墓同

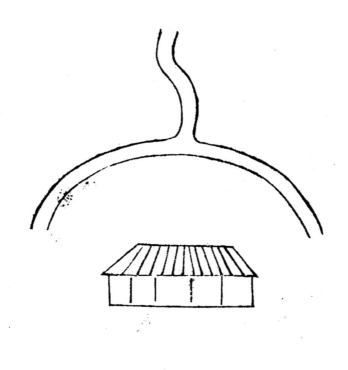

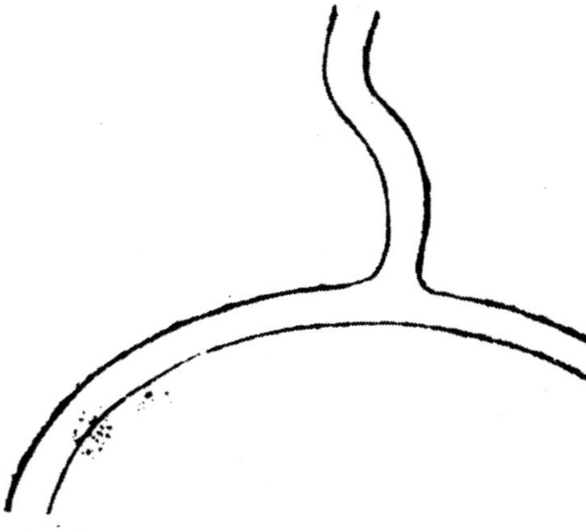

金水泛濫格
金水太縱橫
泛濫起風聲
穴中多漏氣
屢損少年人
富貴雖堪取
無端家自傾
不如爲寺觀
香火滿門庭

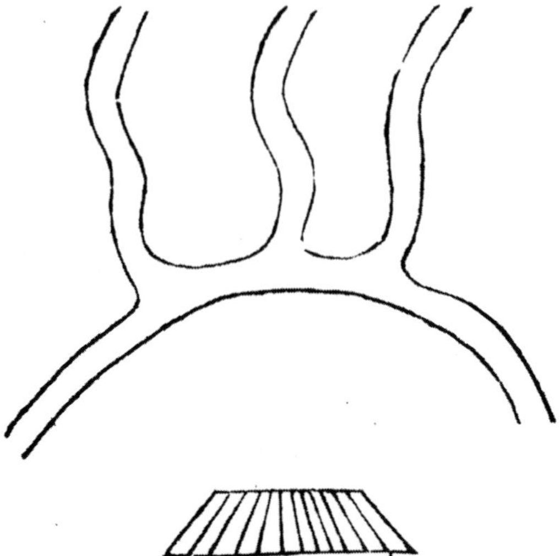

水撞金城格

城垣之水外來冲
縱然秀麗也爲凶
中左右冲皆絕嗣
忤逆淫邪死獄中

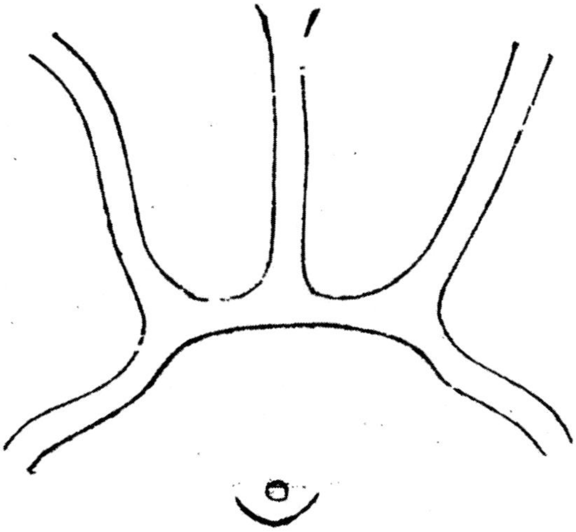

火尅金城格
斜火撞金城
火盜并軍刑
金星遇火壓
家敗人丁滅

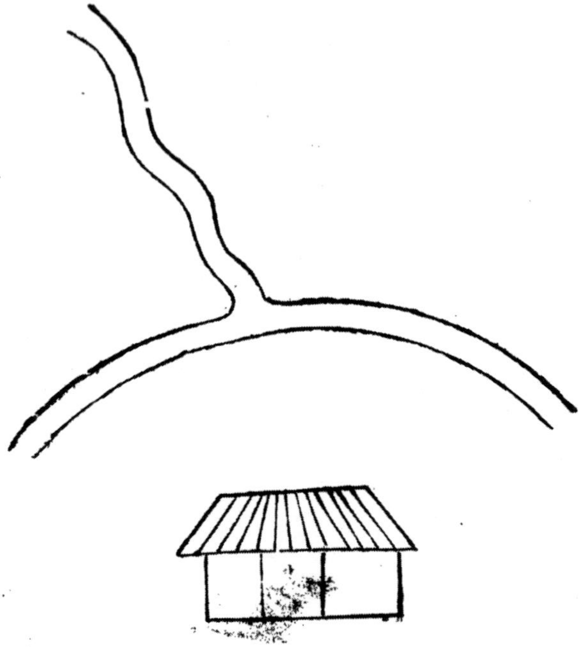

重金格

金星一抱已堪誇
兩水重重福祿奢
遶身貼體方爲貴
遠照遙臨氣脈賒

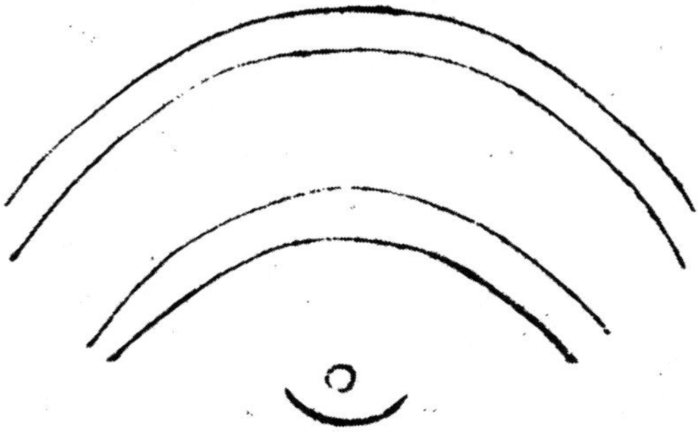

重金格

三金如品列
財粟常添入
外水反弓形
長幼禍來侵
左長房右小房
墓同

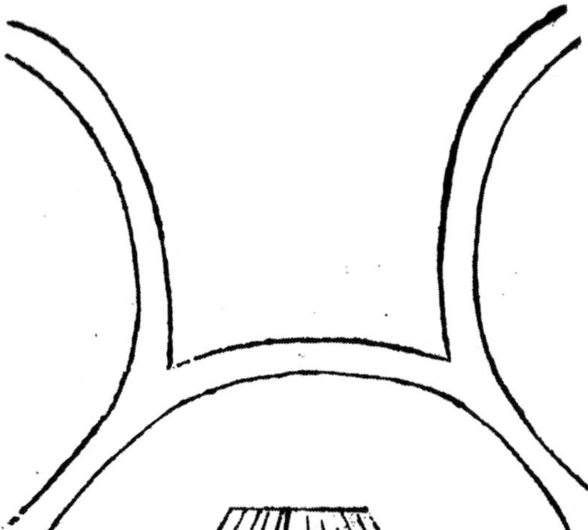

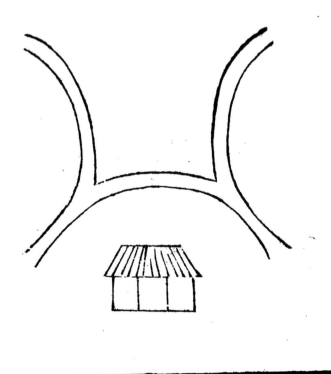

水星城格

水城原是太陰精
內外相符是吉星
財祿豐盈人秀洒
翰林魁解廣文名
水城又見水星來
福祿綿綿有異才
再得金星抱兩畔
官高爵顯列烏臺　宅同

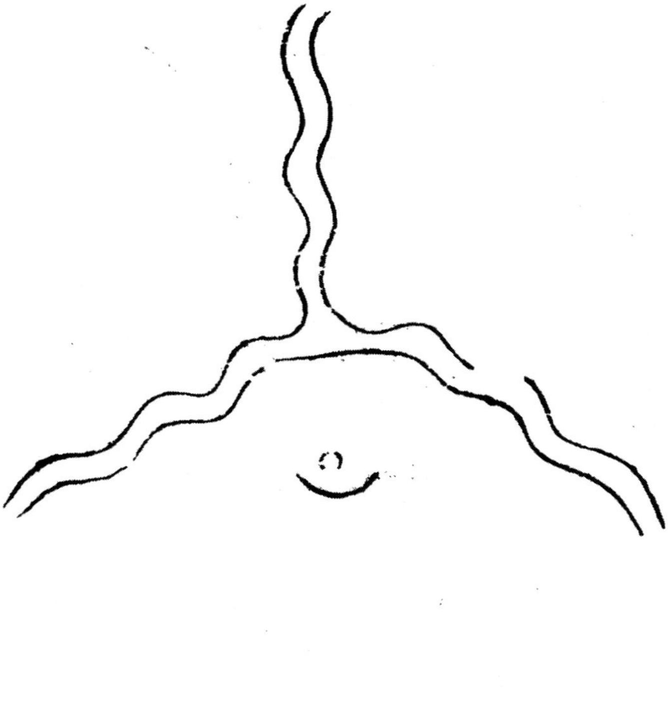

文星格

水如錦浪號文星
明是龍身委曲形
葢世文章從此出
詞林鼎甲美聲稱
宅同

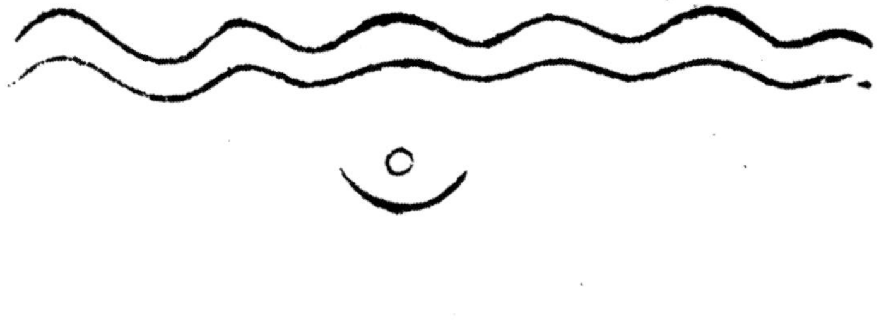

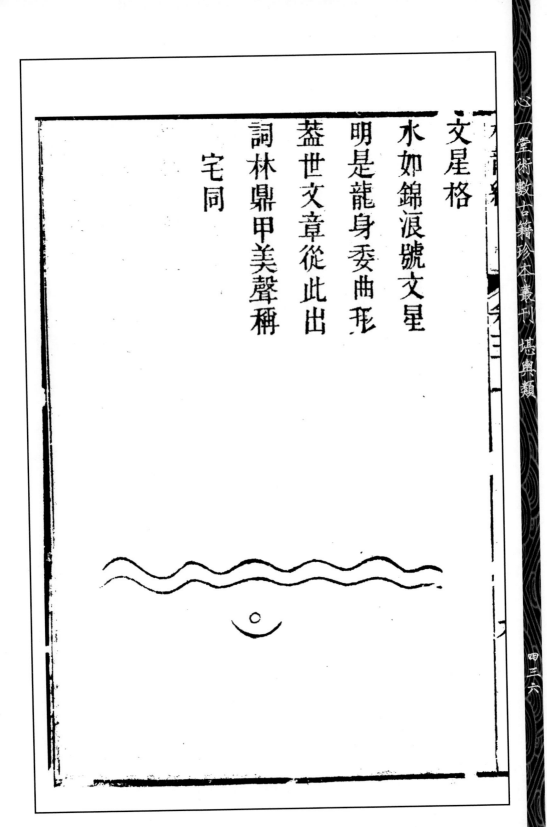

水內木外格

木星逢水生

錢穀自豐盈

設或木頭長

須以少年人

水內木外

發中有敗

宅同

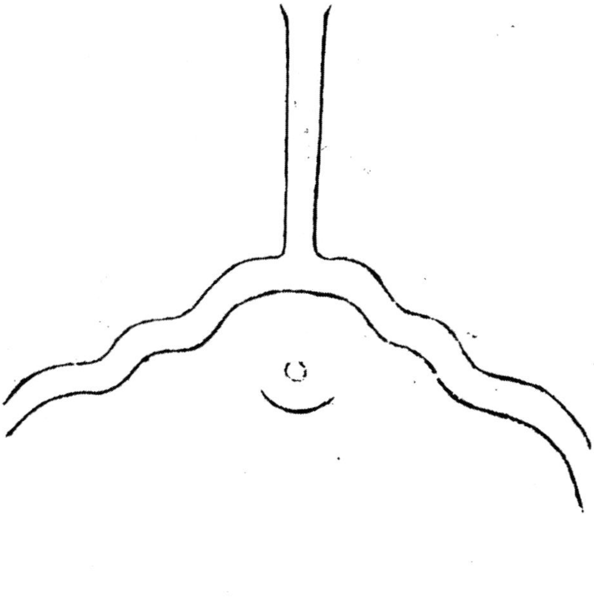

水木交流格

水星硬木兩交流

一家與虹一家休

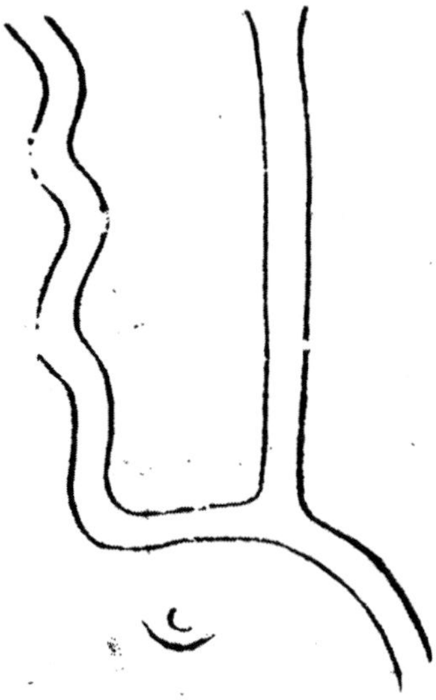

水火相射格

水火若相形

瘟災火訟興

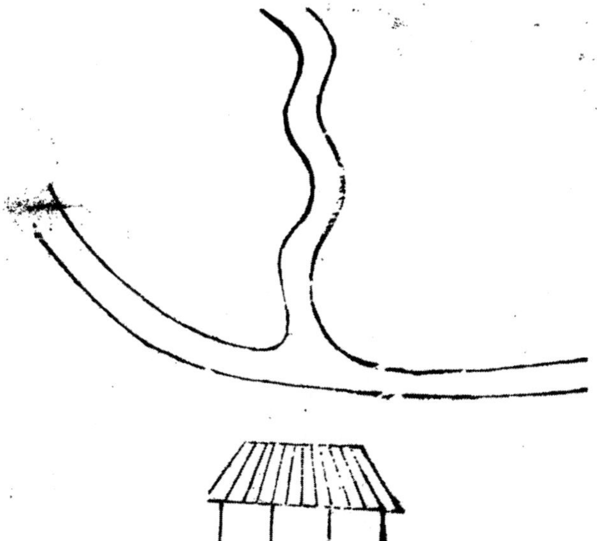

土星城格

土星如曲轉

發貴增田產

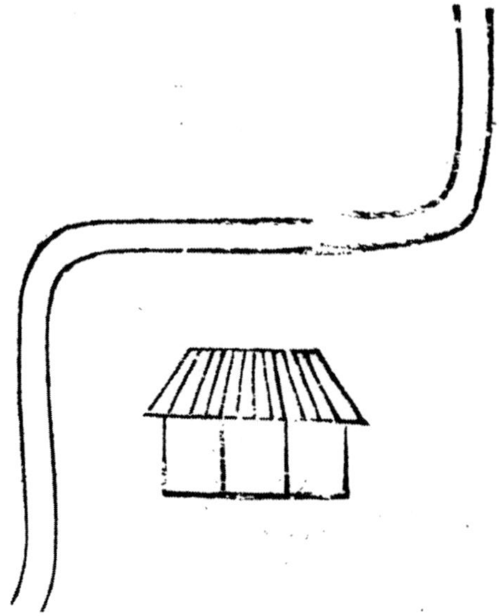

[illegible]星丙抱格

丁星加丙抱

名顯多財寶

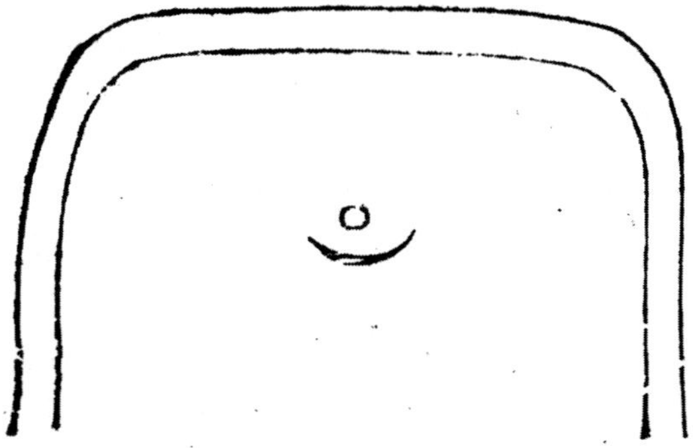

重土格

兩土面前橫

定生豪富人

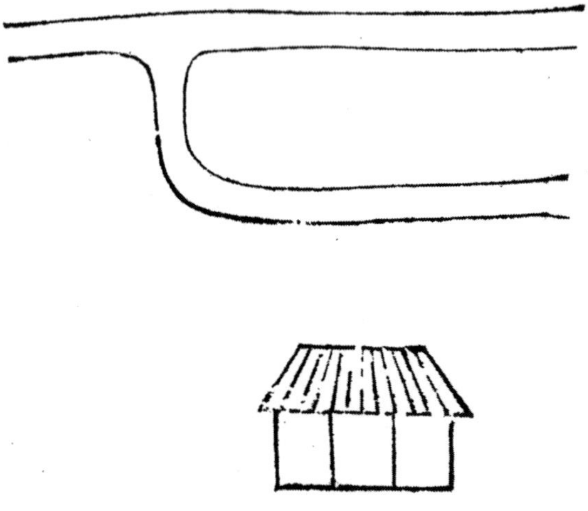

土星仰外格

土星若仰外

財破人離散

墓同

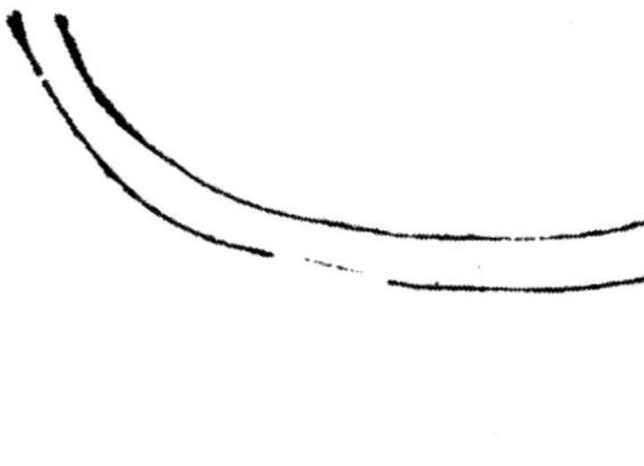

反土格

同上

宅同

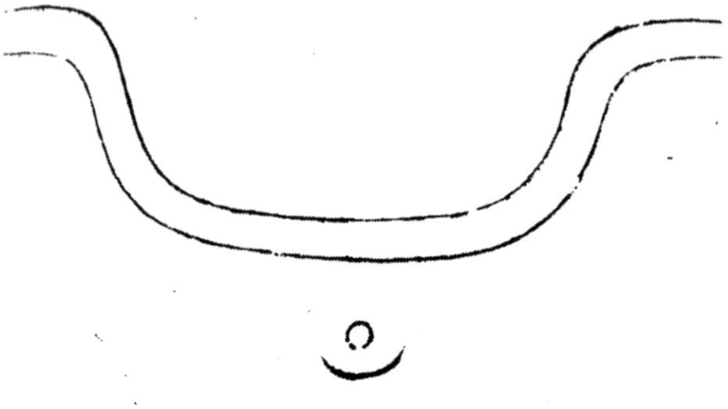

橫直水格

橫水直水
總是無情
休言富貴
更主伶仃

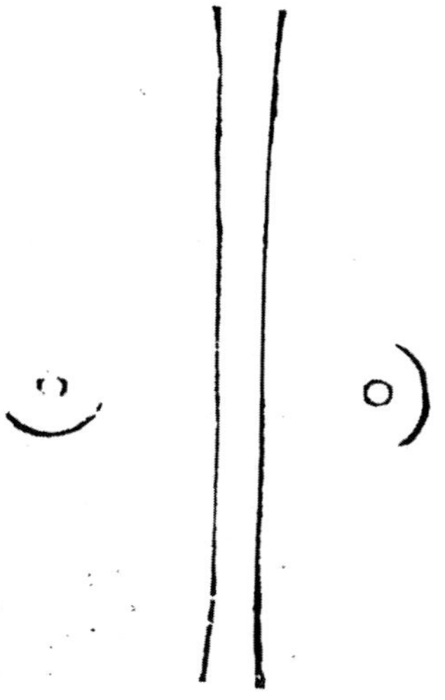

順逆水格

逆水順水

官非祿祿

客死離鄉

退散錢穀

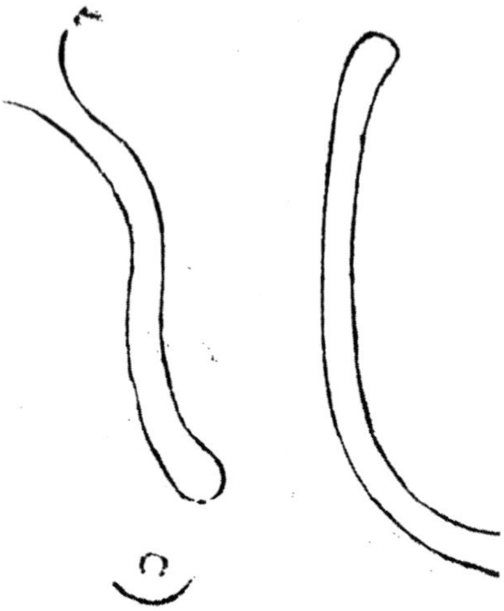

斜火格

火星不喜穴前朝
立宅逢之怕火燒
直走斜飛招訟事
田園退散倘嘵嘵
火旱斜動最非宜
刼盜瘟瘟更損妻
不有水朝來救助
人離財散各東西

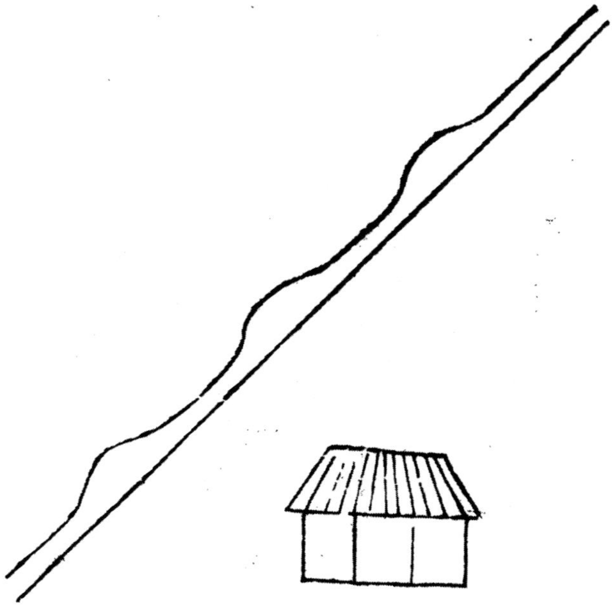

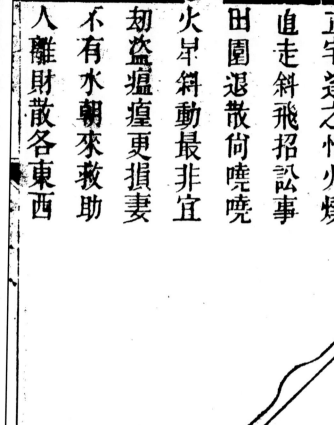

重火格

二火焚身
風捲灰塵
宅如安此
貧困不甯
墓同

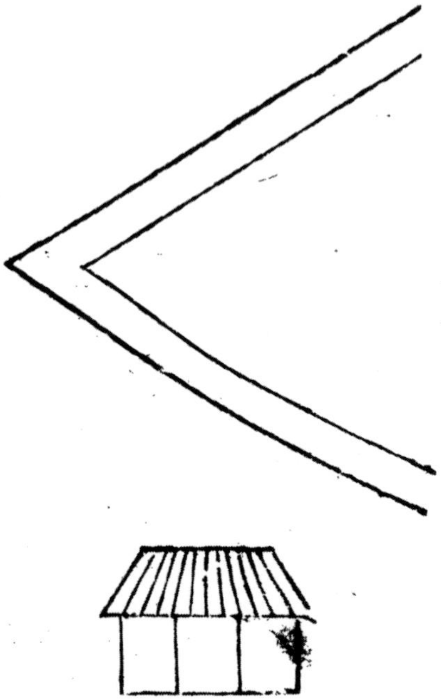

二火剋城格
二火燄燄長
日暮哭無糧
二火八字開
災迍日日來
墓同

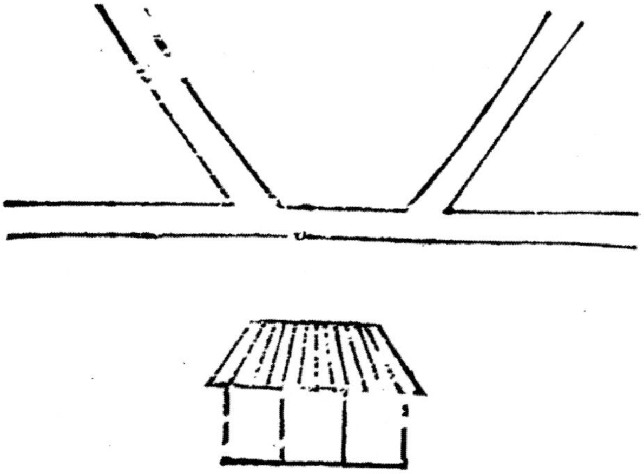

炎火炮城格
殺入垣城
獄訟遭刑
弟兄刼奪
後嗣伶仃
宅同

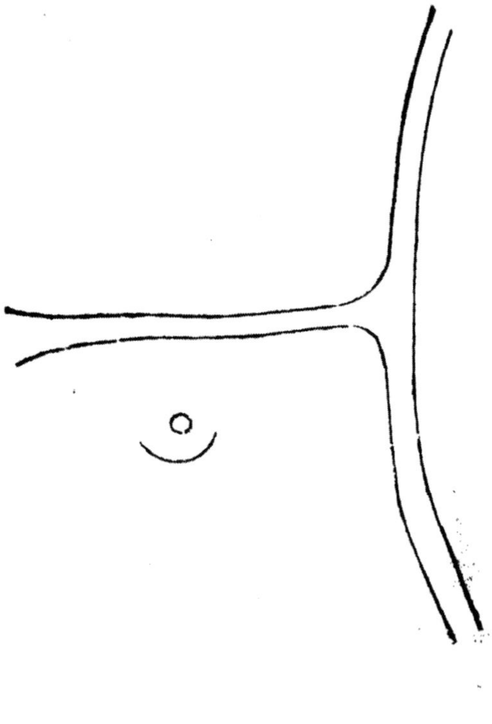

木城帶上一格
木土曲直來
家富足錢財
左右同論

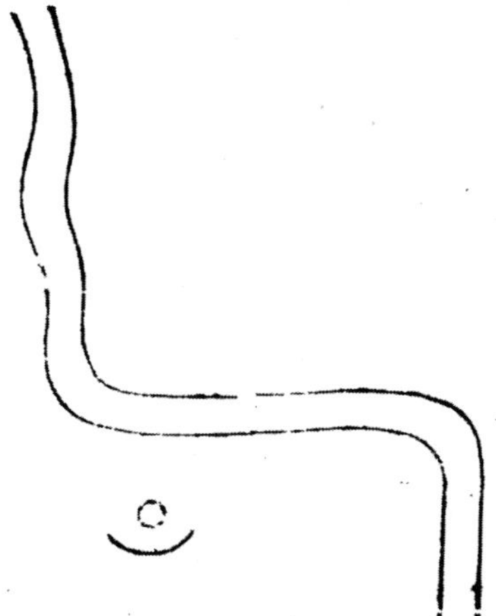

木剋土城格

木星兼帶土星來
土上安基方有財
若取木星爲貼體
剋剝相爭是禍胎

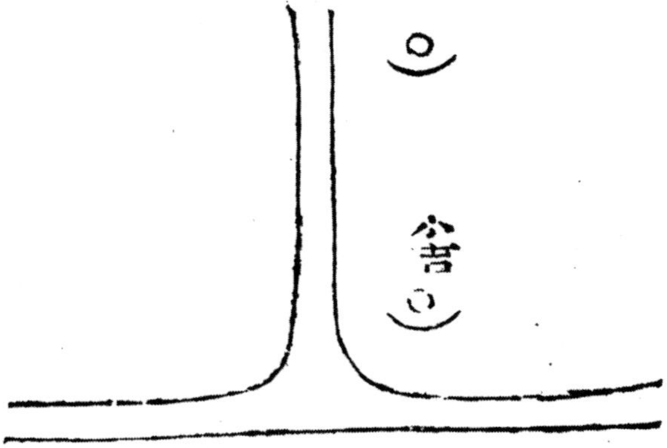

此處立穴財退丁絕

木剋土城格

兩水不宜長

一土怕難當

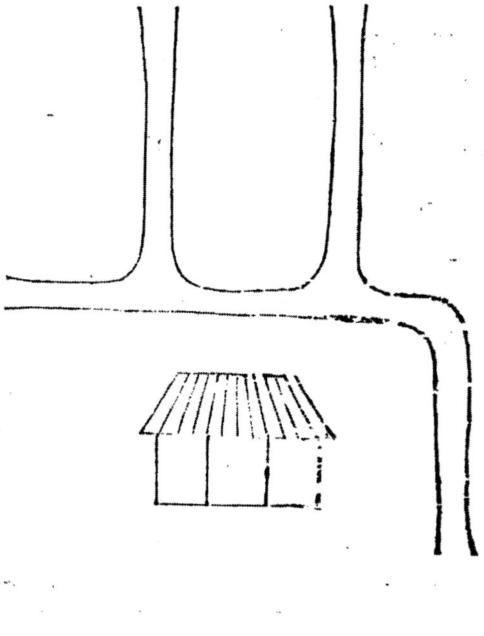

衆木剋土格

三木剋一土

離鄉人客死

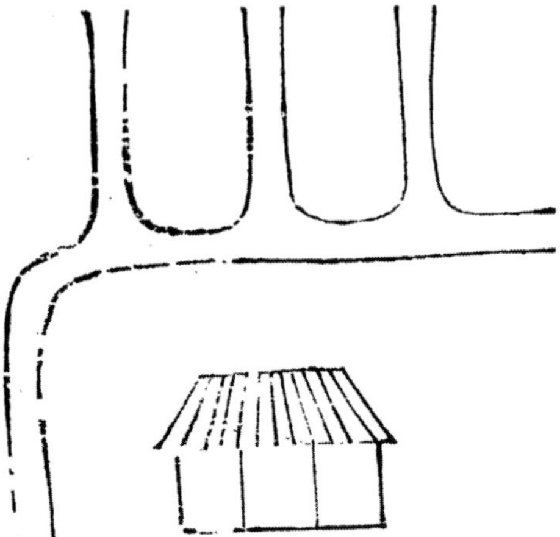

焱動火城格

焱動情形不可當
小流雖小訟須防
若然城邑逢茲水
六十年中作戰場

蔣大鴻曰
此本水星
因其斜飛
即作火論

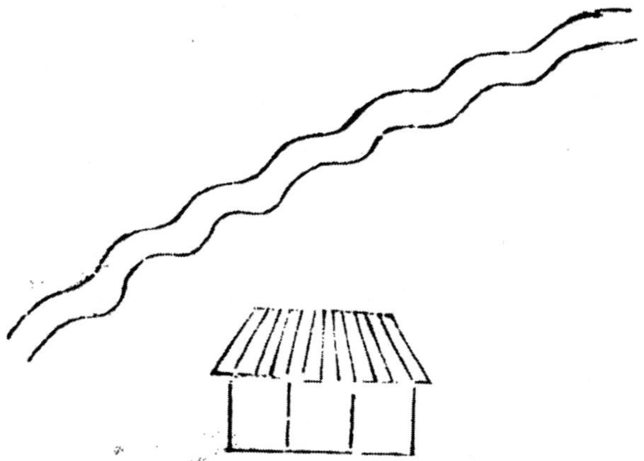

抱水城格

龍神灣抱過門前

管教身貴廣田園

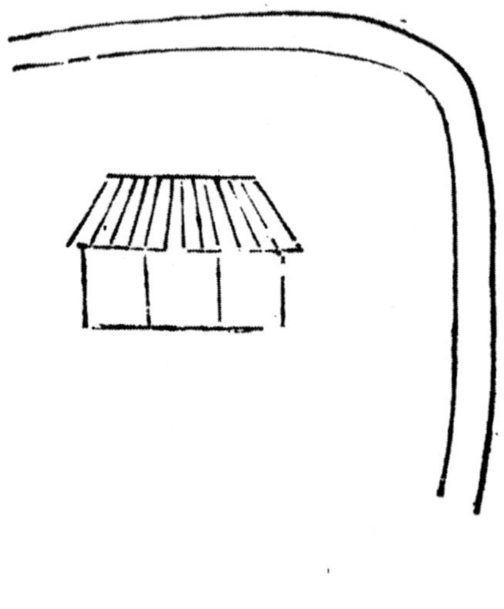

格同上
又名轉角水

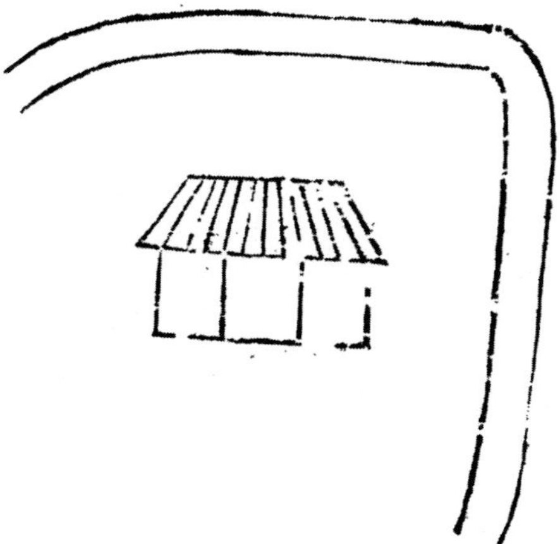

東帶格

東帶水纏身
家中好積金
若然爲冢穴
後代可成名

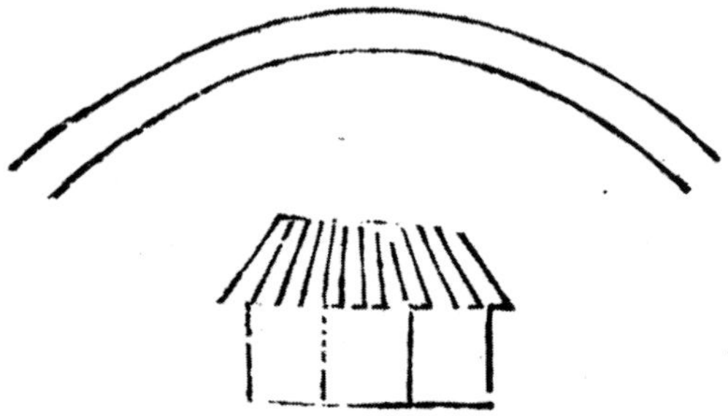

兜抱格

前後水環兜

富貴總無休

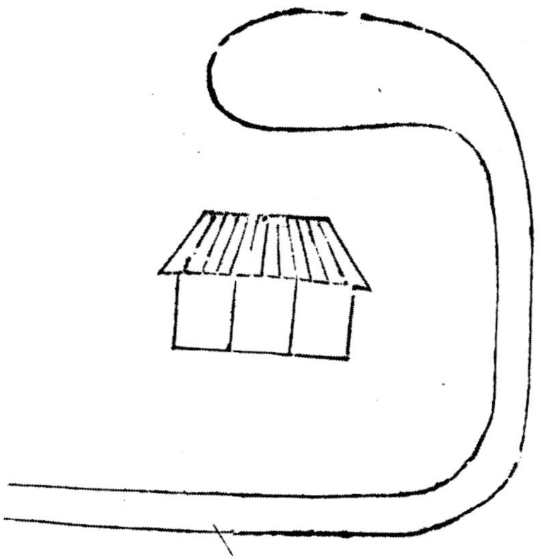

前水重抱格
此格前水
重抱屋後
雖無兜水
亦可富貴
經云發福
悠長定是
水纏元武

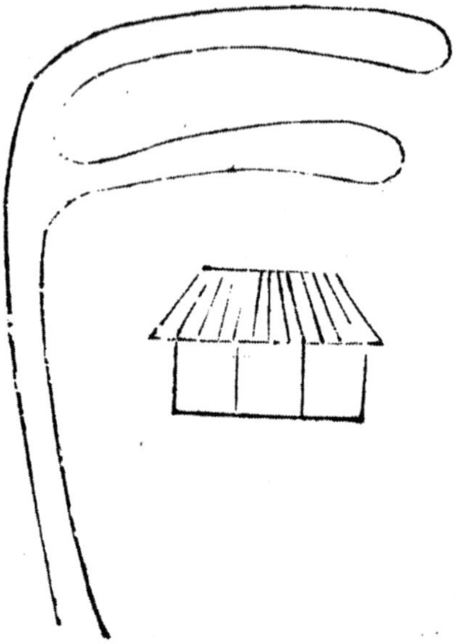

後抱格

雨水抱門前
家貲累萬千
若來兜屋後
富貴必雙全
水法細条詳
無如後抱長
回頭看偃月
富貴足悠長

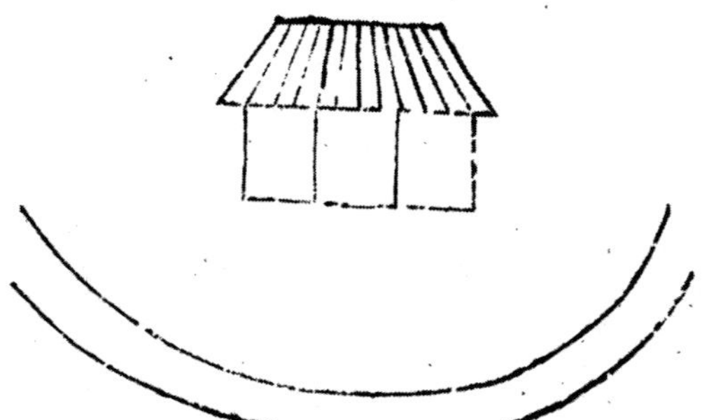

兩抱鍾氣格
枝水交來氣脉鍾
不拘宅墓總興隆
兩邊前後似金鉤
後嗣爲官知府州

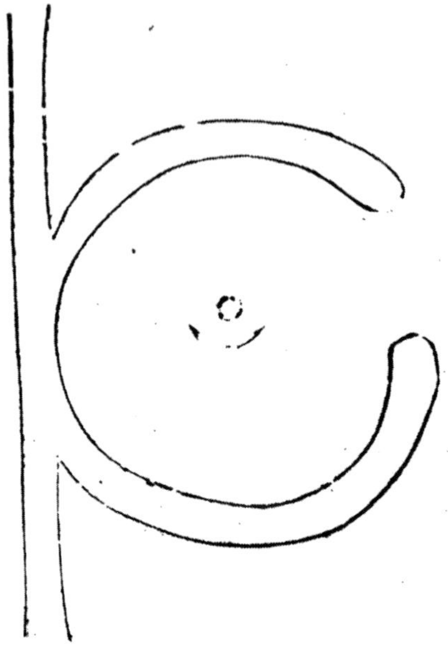

前抱後兜格
虎水雙環遶宅
墳宅富足金銀

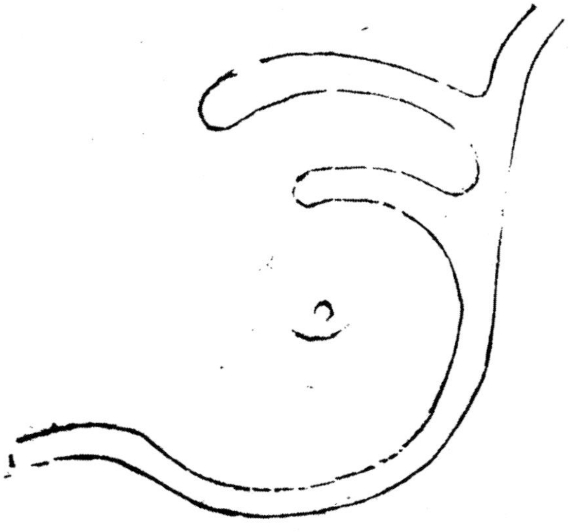

曲抱水城格
青龍水抱身
家富出官人

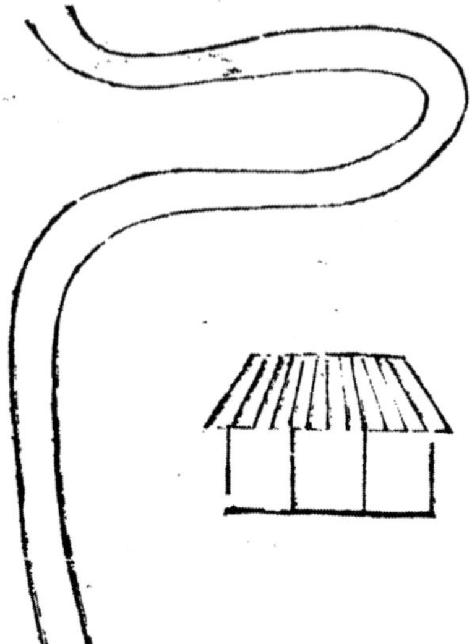

金水大抱格

一重路遶一重城
金水重重大抱形
更得四旁無別犯
榮華奕世有聲名

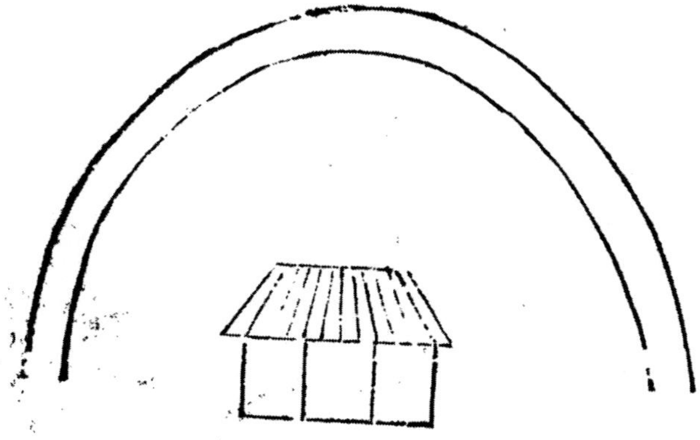

遶抱格

水遶青龍身

長子足精神

宅同

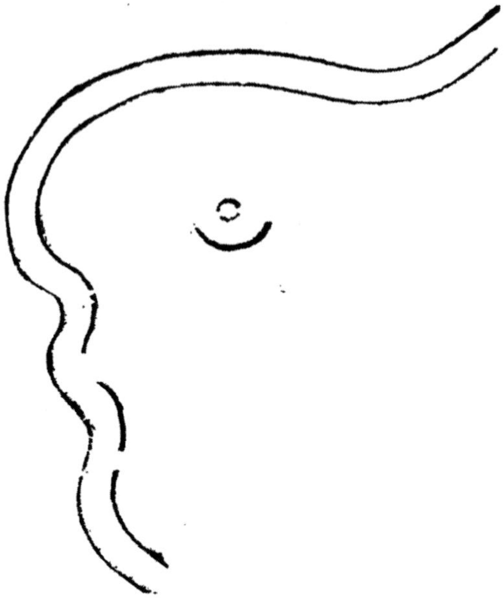

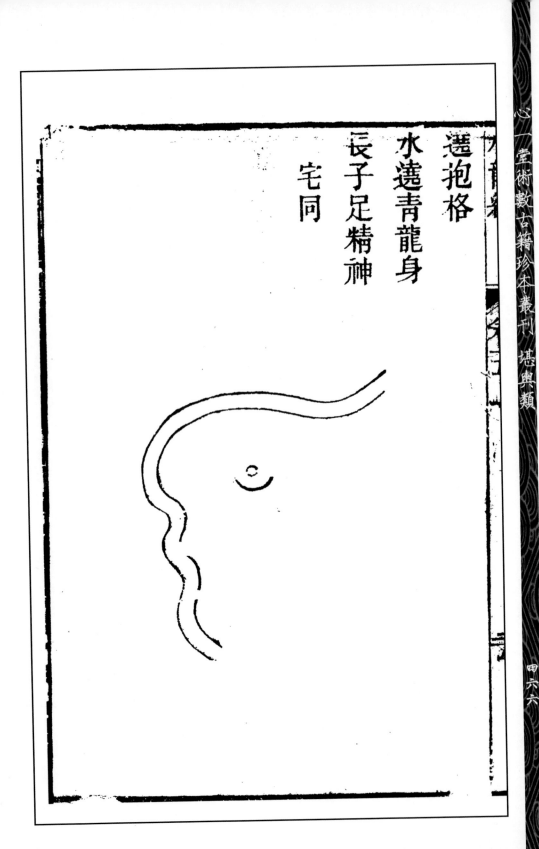

[illegible]抱身抱

[illegible]抱身水一條

[illegible]出面前朝

此間安宅墓

卿相作廷僚

宅同

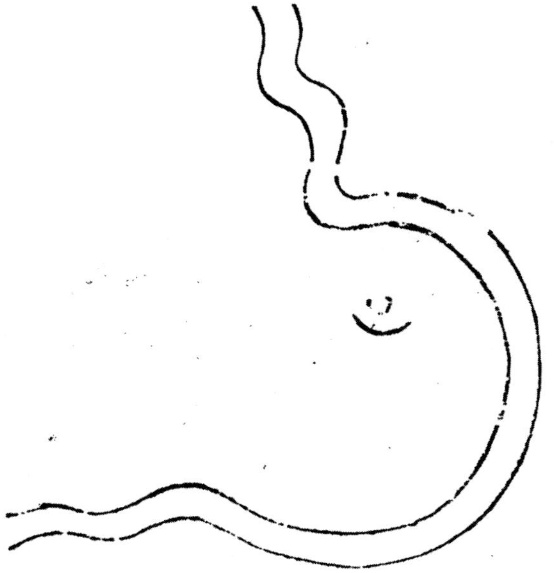

龍旁微抱格

白虎長河帶裏收

安居樂業總無憂

[illegible]葬同

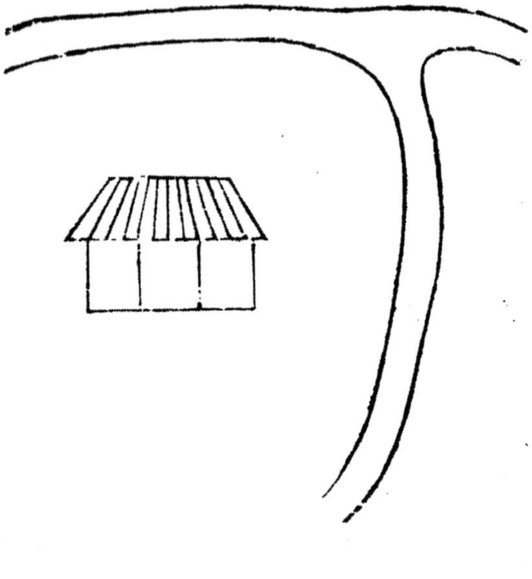

周環格

入國周環不漏風
兒孫富貴福無窮

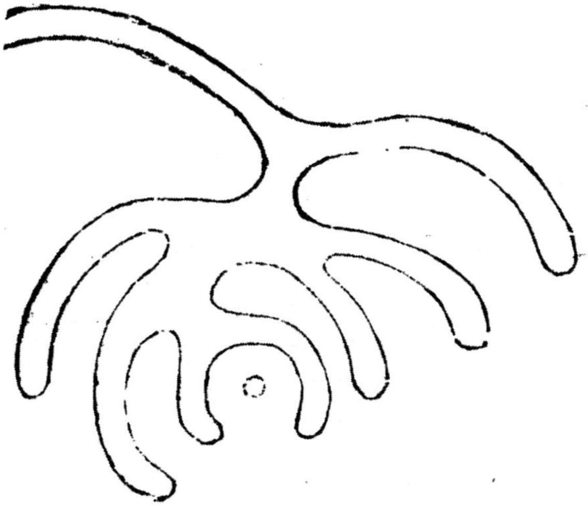

鉗水格

兩水合成鉗

無官且有錢

又名兩水合格

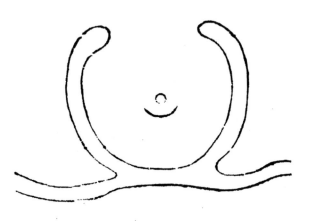

鉗水地格

水口似雙鉗

官高更有錢

大鴻曰此只論水

非以高地言也

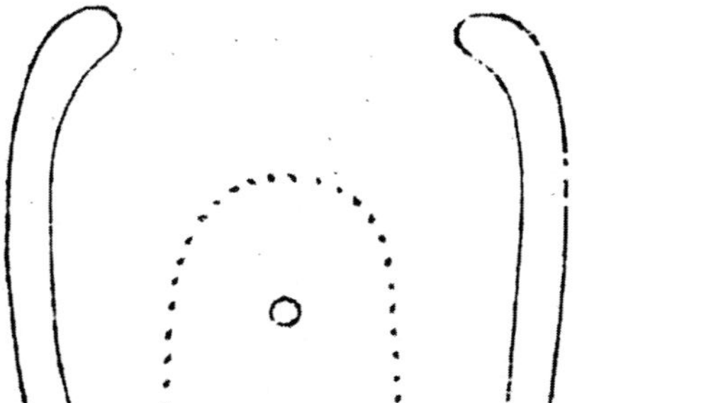

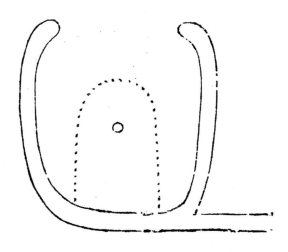

裹頭城格

裹頭城裏若安墳
縱發終須絕子孫

穴太逼窄
更無餘氣
宅同

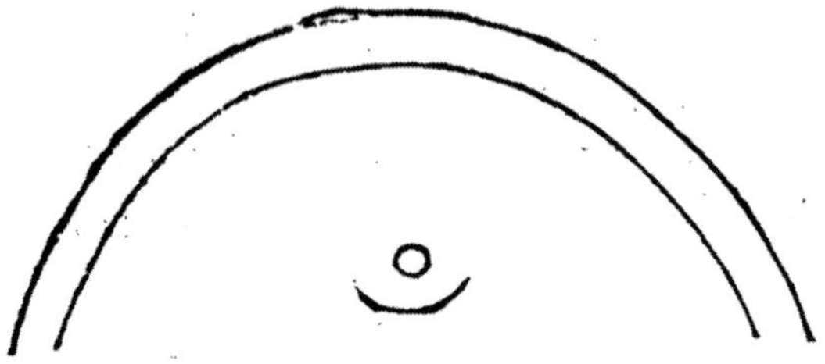

蔭腮水格

一水兩分迴

其名爲蔭腮

兩腮皆可穴

居中是漏胎

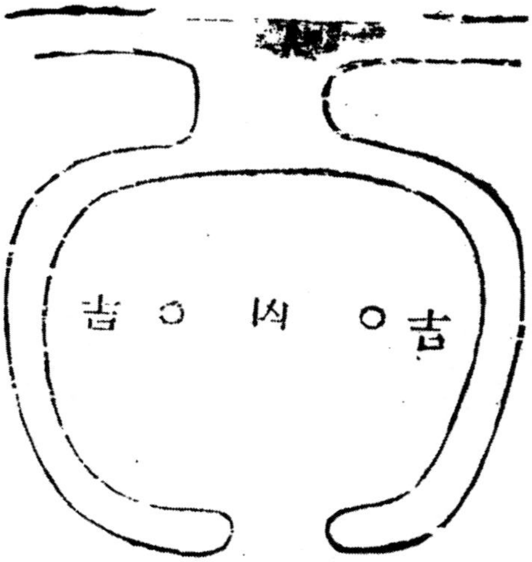

金鉤格

曲水似金鉤

富貴此中求

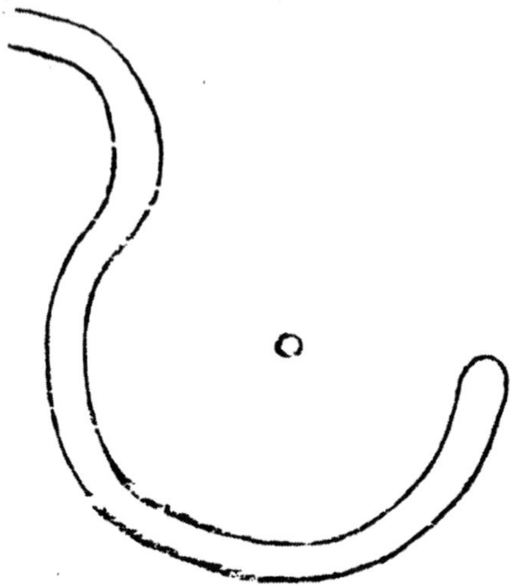

金鉤轉抱格
金鉤轉抱來
家富足錢財
此形如闊大
端的位三台
旹上丁格

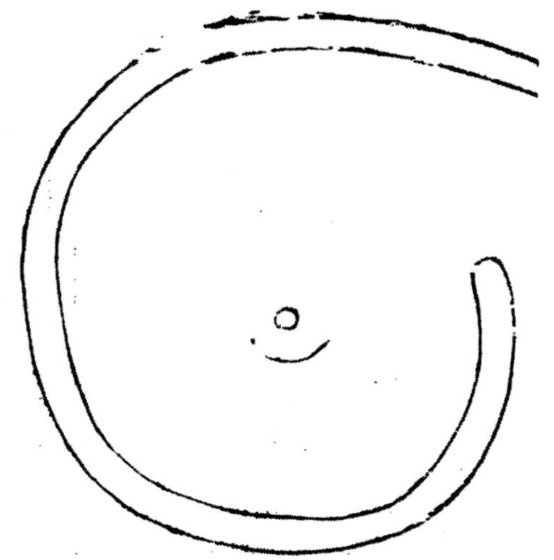

格同前

金鉤左遶宅

事業功名出

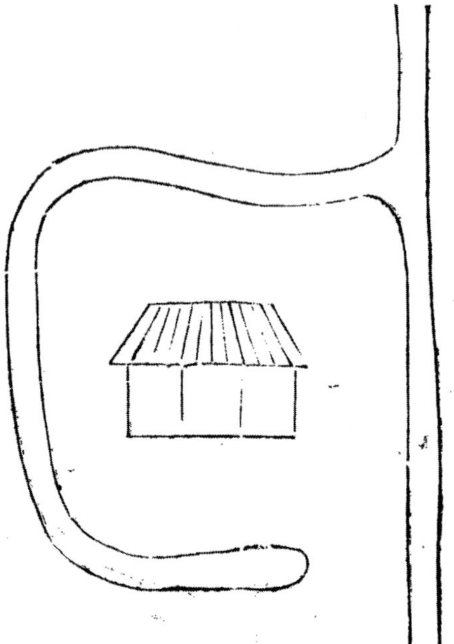

格同前

水曲作金鉤

富貴自優游

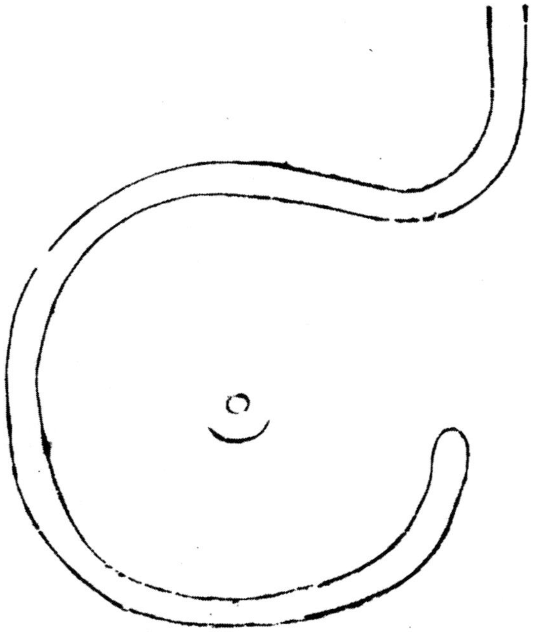

勾心水格

勾尖直射穴

此地作凶說

此勾直冲明

堂所以不吉

若向左兜過

又主富貴矣

宅同

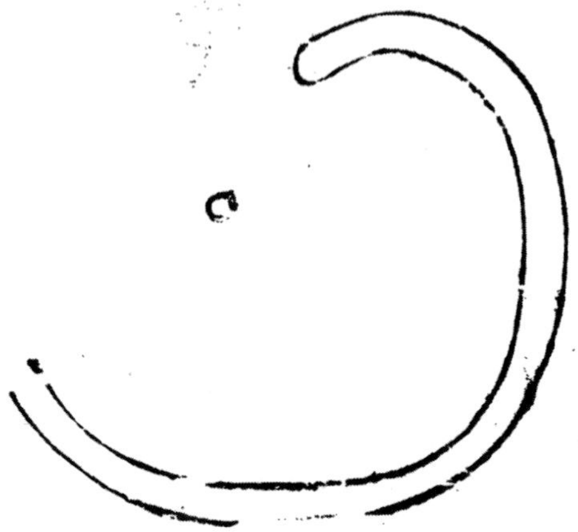

反勾格

此水反勾名背城
出人拗性并狂心
更兼手足多瘋疾
家業飄颻官訟興

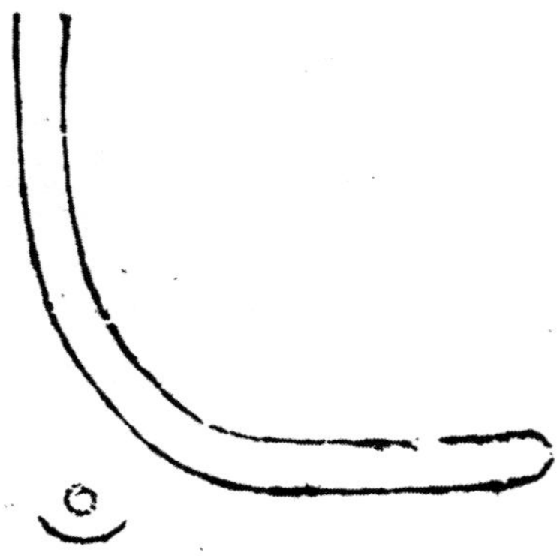

乙字水格

乙字入懷流
回頭龍脉收
若能扦此穴
富貴不須求

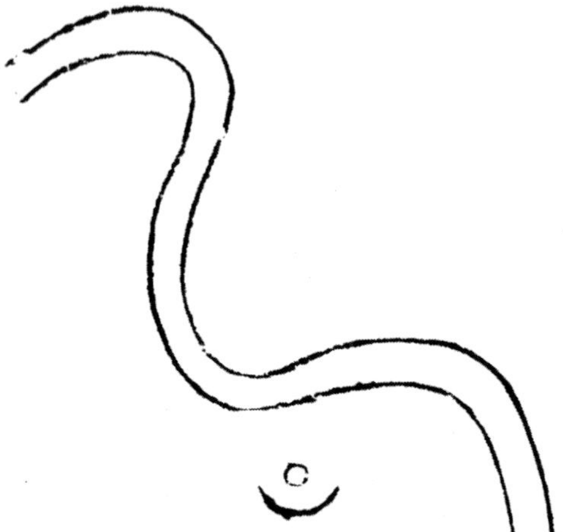

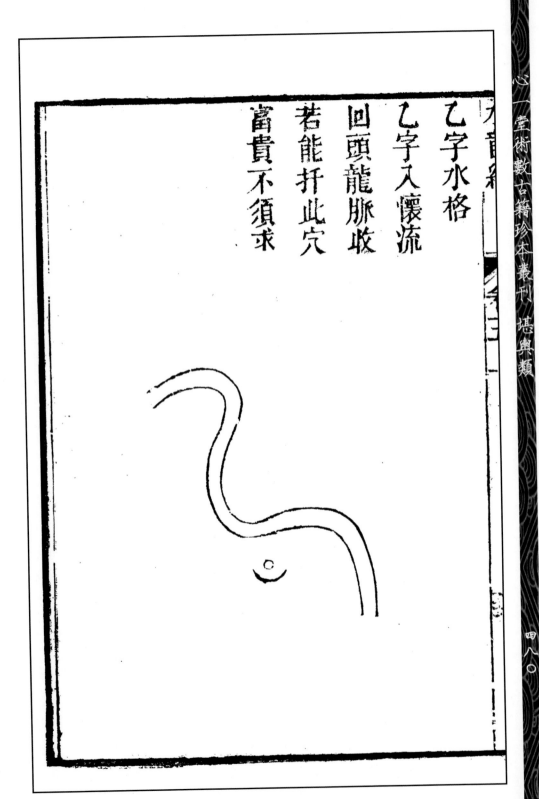

之元水格

之元水抱身

極貴顯宗親

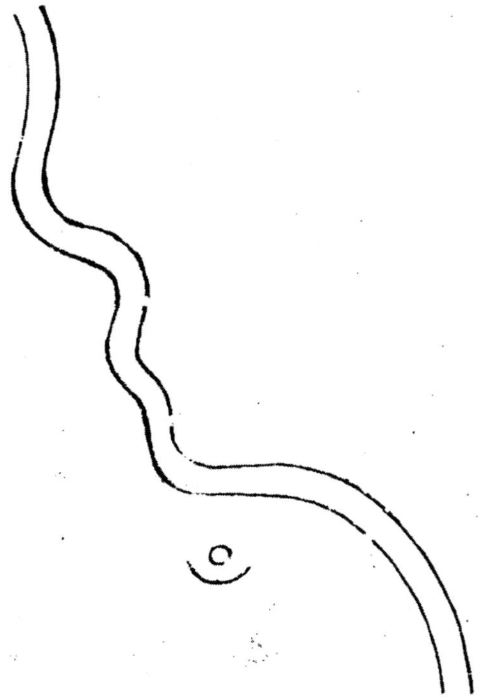

之玄水抱格
此水是眞龍
來去產王公
抱身主久貴
不抱也興隆

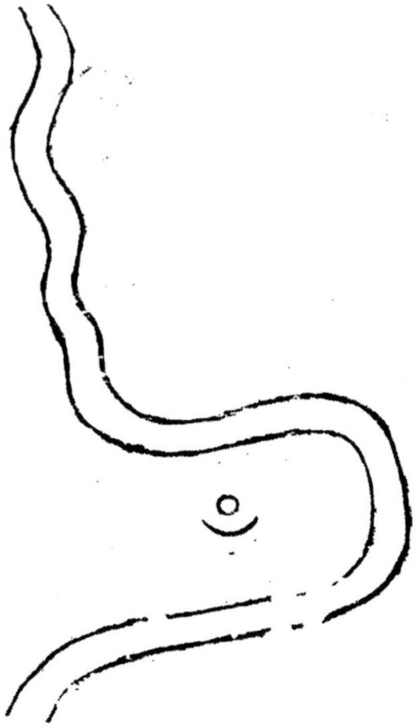

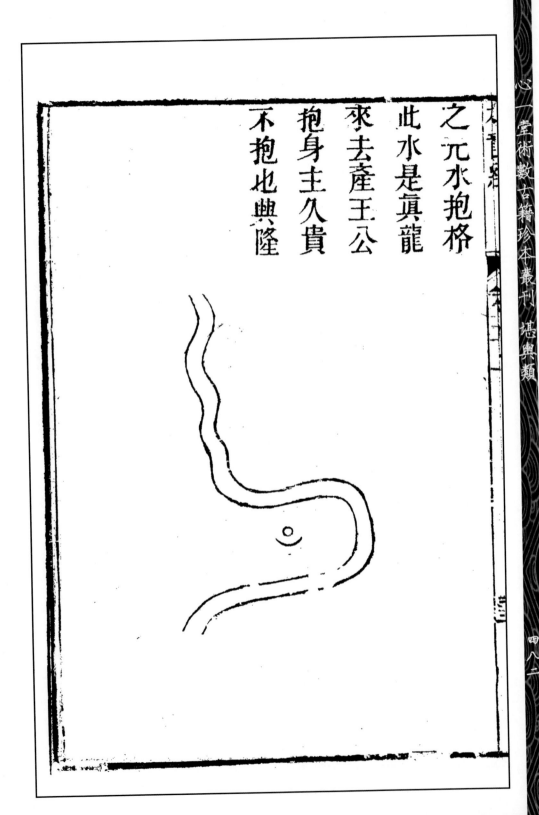

曲水城格

龍形屈曲來
日日進錢財
水若深還濶
高車駟馬回
金明水秀煥文章
管教翰苑姓名揚

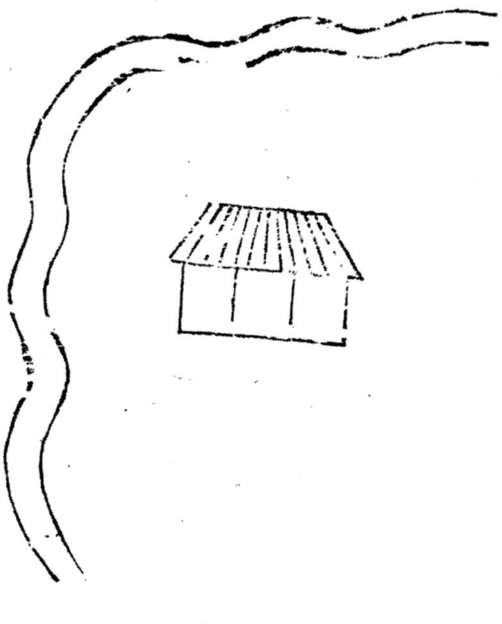

曲水環抱格
水曲似瓜藤
秀麗有文名
曲環成大局
世代簪横玉
墓同

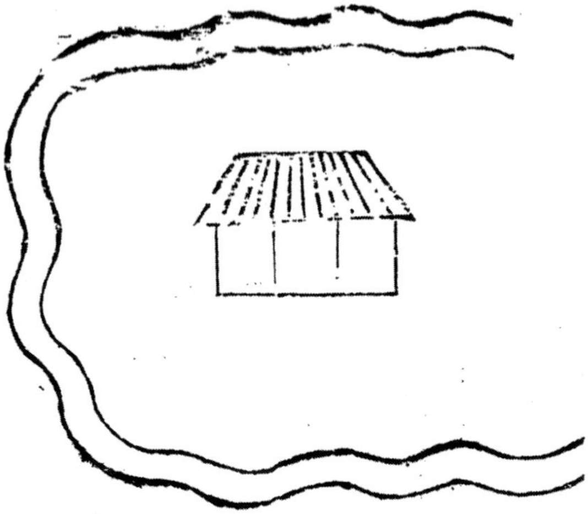

折水格

一折一龍居

二折兩龍棲

三折龍神旺

世世上雲梯

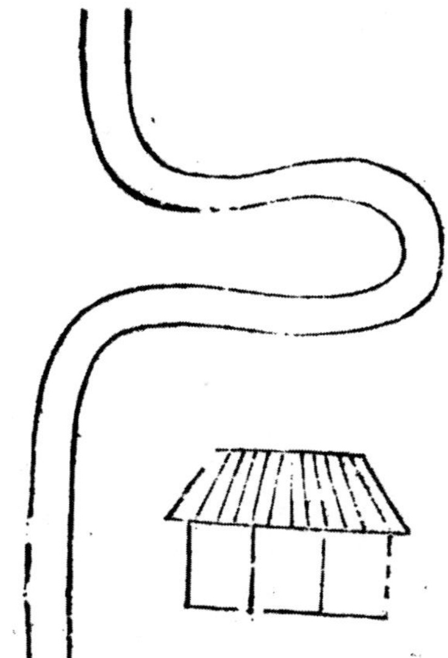

三折水格

鸞翔鳳舞水前朝
九曲當心氣勢豪
縱少案砂攔水门
定然榮顯姓名高
一般當面水來冲
四者為吉直為凶

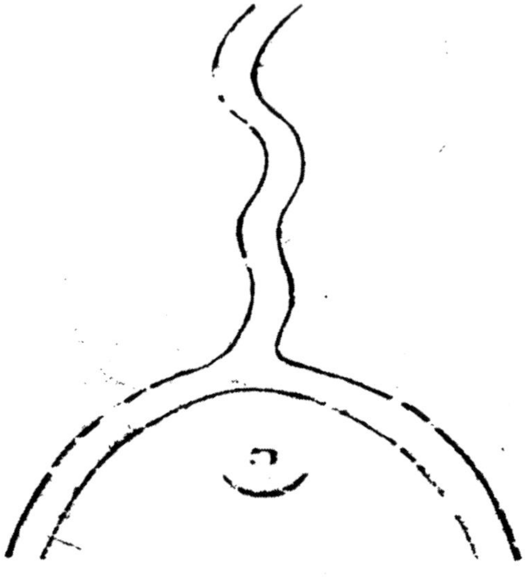

曲水反去格
曲水抱他家
安墳穴莫嗟
時來或可發
運退禍旋加
宅同

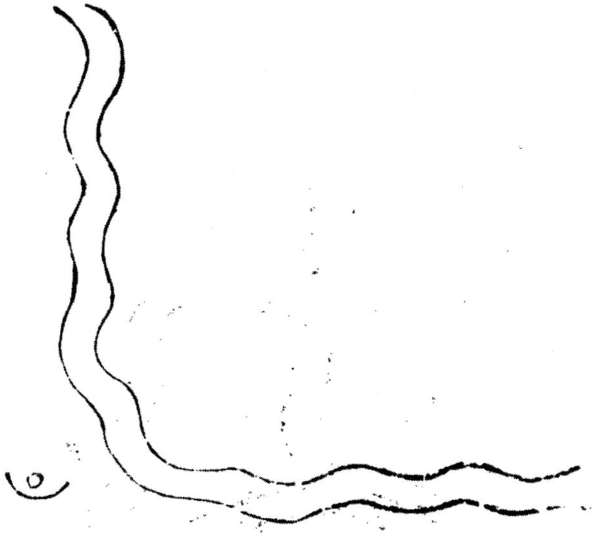

曲直水格

直水仍多曲
就曲堆金玉
凶吉不分明
就直家顛徙(?)
墳前水冲穴
下後兒孫絕

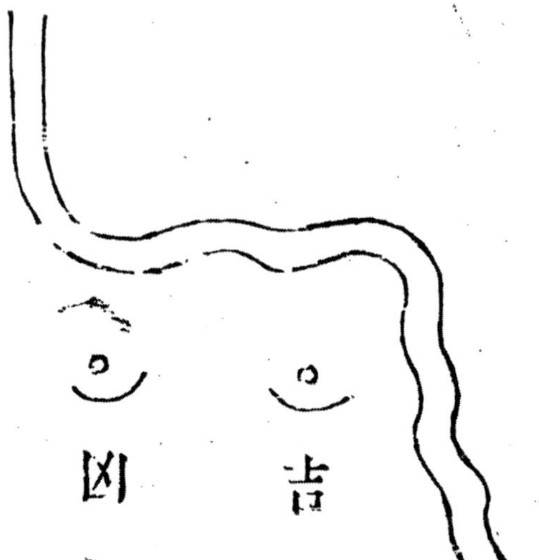

執笏格

勢如舉笏

王侯可得

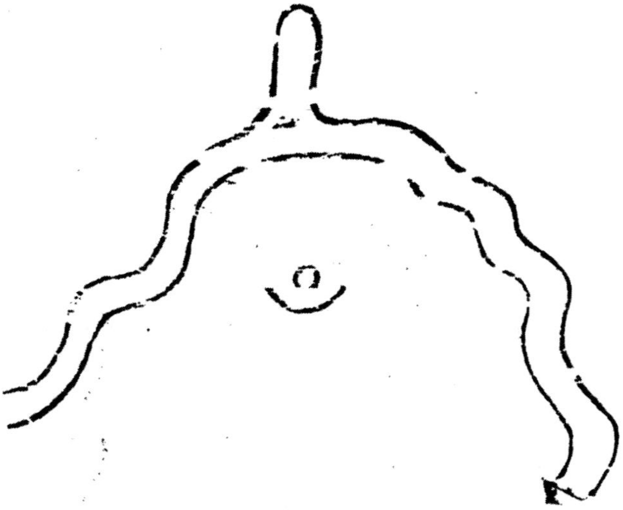

迴龍格

向右後回頭
迴龍氣脈收
包藏無滲漏
發福永無休
水從東南來過
西抱冢宅還逆向
東北去者累代
富貴卿相不絕

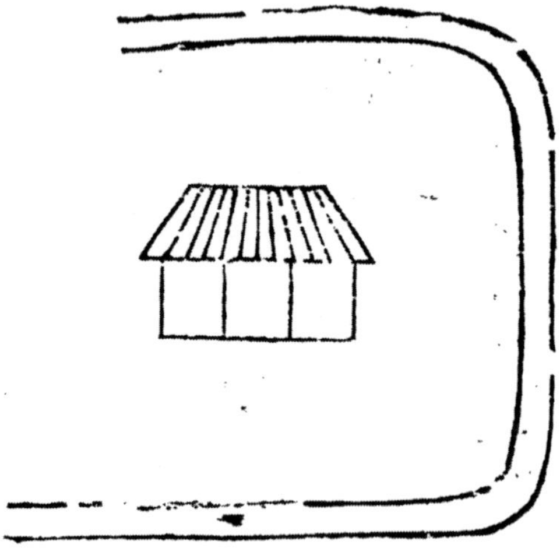

格同上

西水東來抱定墳
兒孫富貴顯門庭

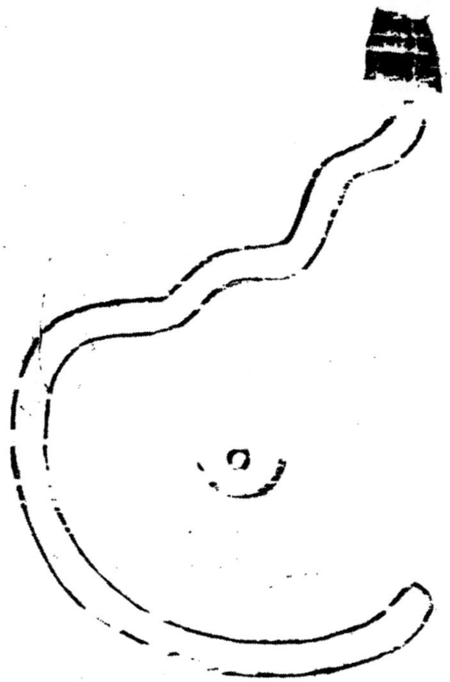

雙龍交育格

一水兩頭交

雙龍穴在腰

王侯弁將相

裂上共分茅

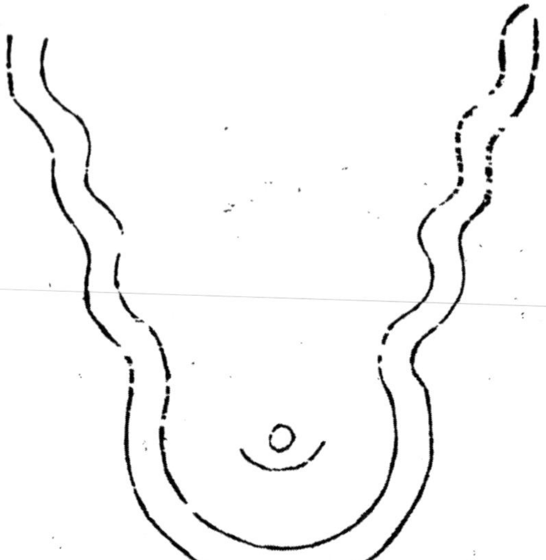

瓜藤水格
一轉一重庫
金寶藏無數
白屋出公卿
榮宗兼耀祖

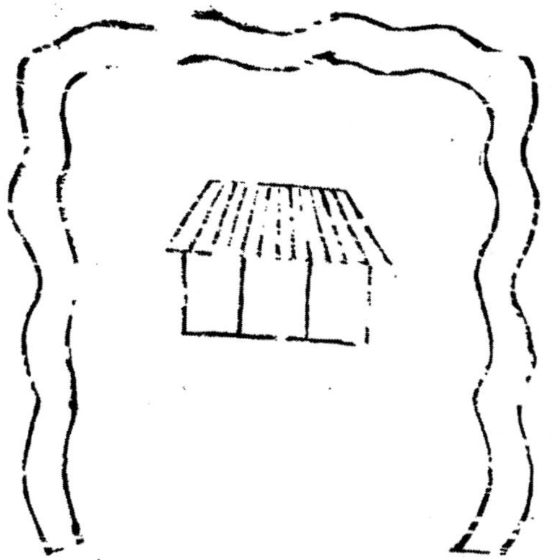

龍腹格

家住曲中名龍腹

其人富貴食天祿

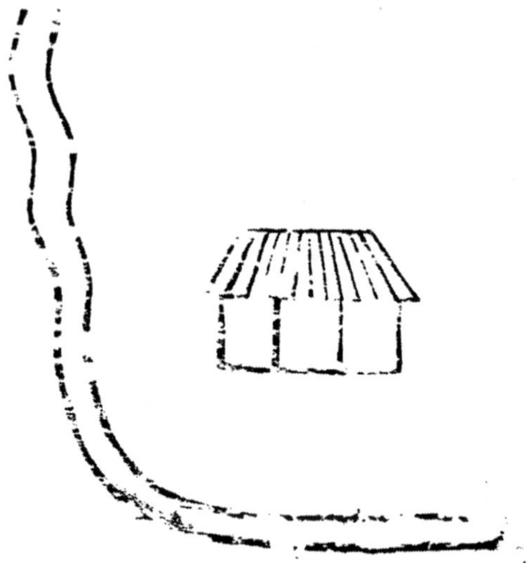

龍背格

家居曲外名龍背
貧窮絕嗣名乖戾

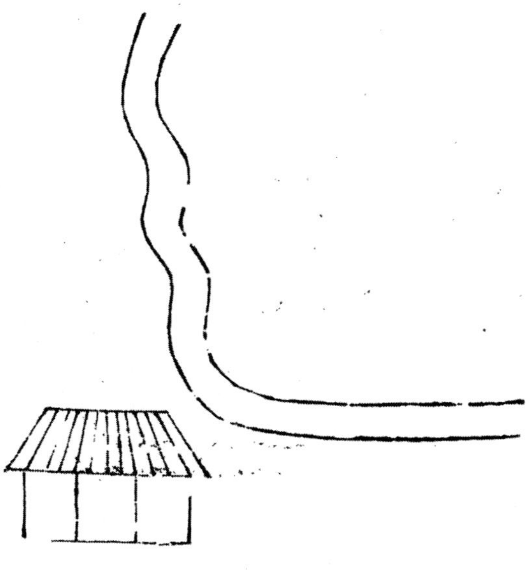

纏龍格

一水灣環抱
此地多財寶
局大來如曲
青雲平步早

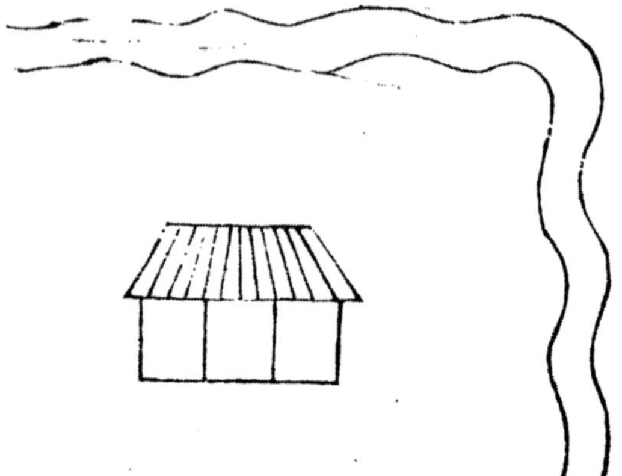

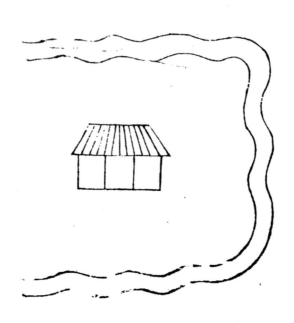

蟠龍格

此水似蟠龍
中心元氣鍾
懷才多異遇
伊呂亮天工

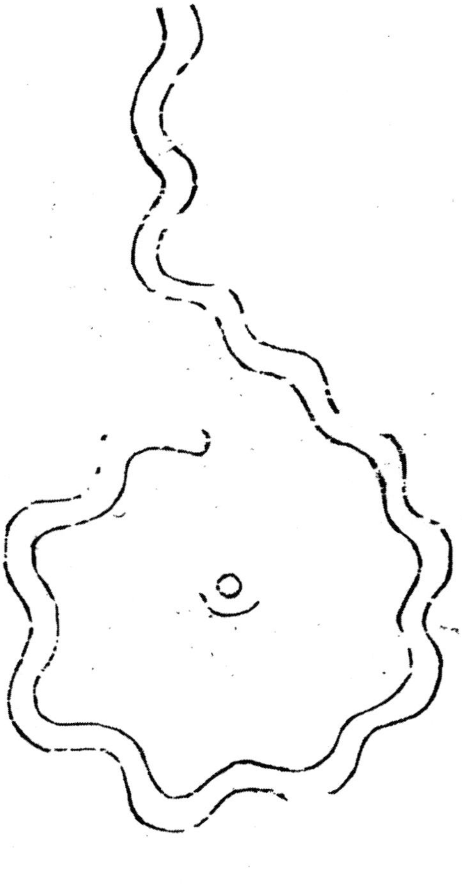

左飛龍格
曲水似飛龍
拱之富且榮
去流若轉抱
必定到三公
右飛龍同此

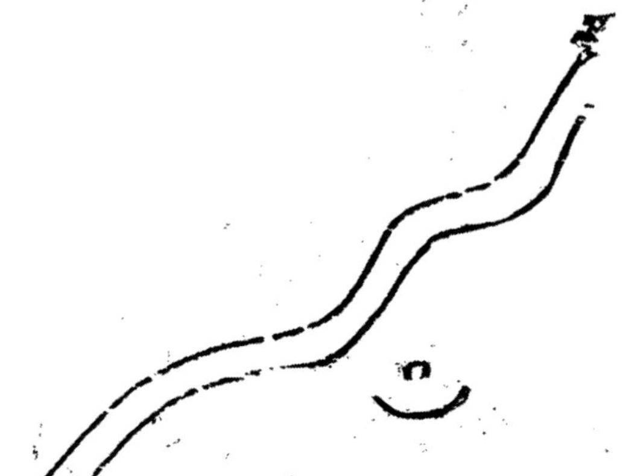

飛電格

飛電最先發
怕冲并水割
門前如向此
富貴多尊否
雖然曲水
也怕斜飛
兩對斜流
子孫會偷

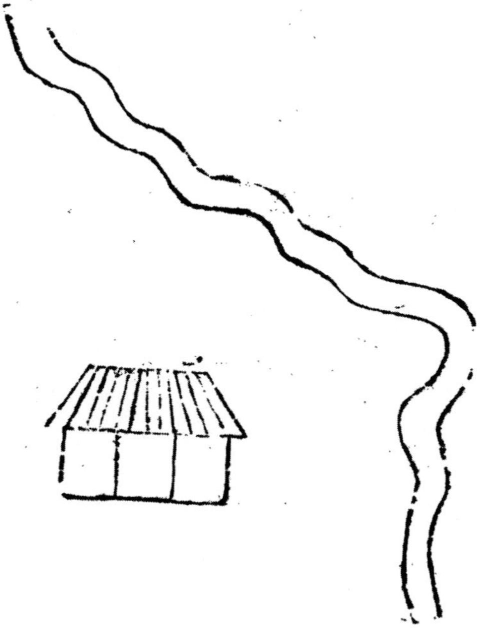

雙飛龍格

水似雙龍兩道

父子昆弟同榜

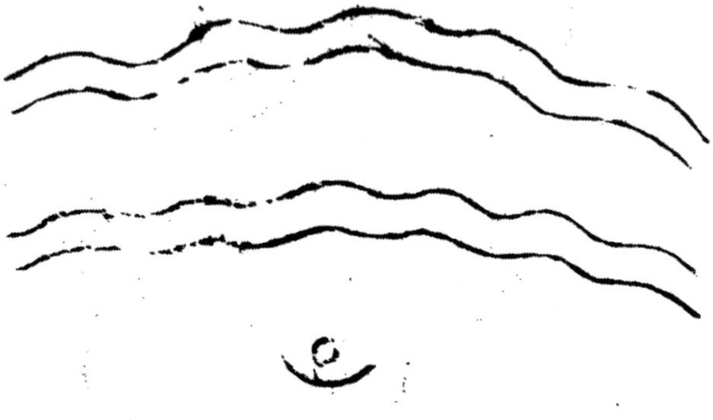

雌雄龍格

兩龍交會似雌雄

官居極品福無窮

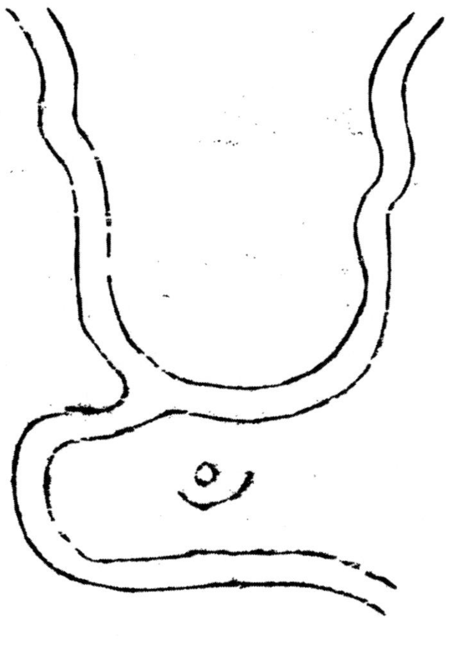

子母龍格

母龍蜒蜿作金湯
有子成胎腹內藏
若點胎元多孕育
祖孫父子坐朝堂

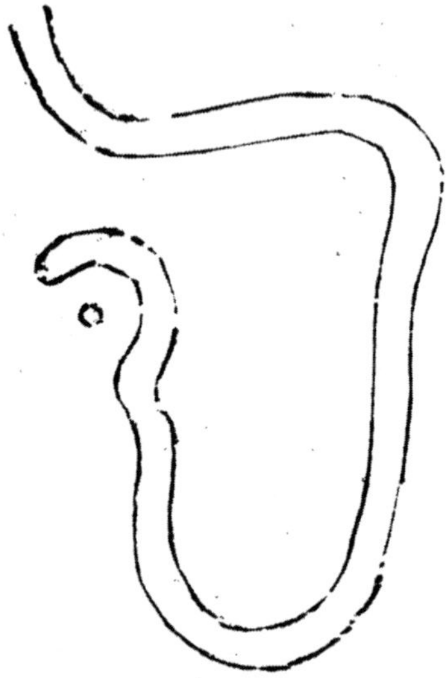

格同上

母龍抱水

二水相交

祖孫繼業

父子同朝

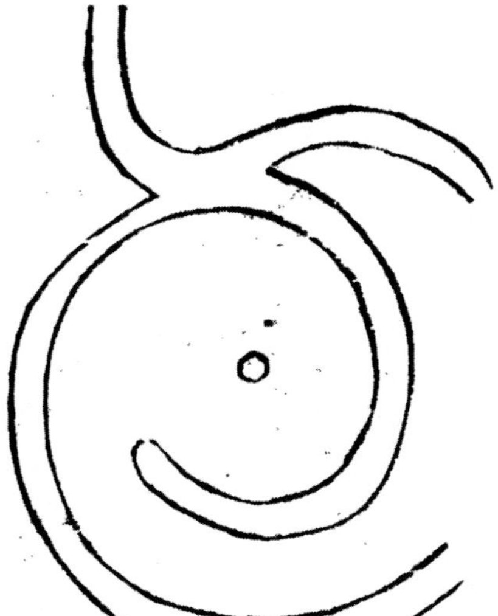

舞鳳格

羣流飛動入垣城
鳳舞鸞翔羽翮輕
葬得穴中真氣脈
不爲他客定公卿

宅同

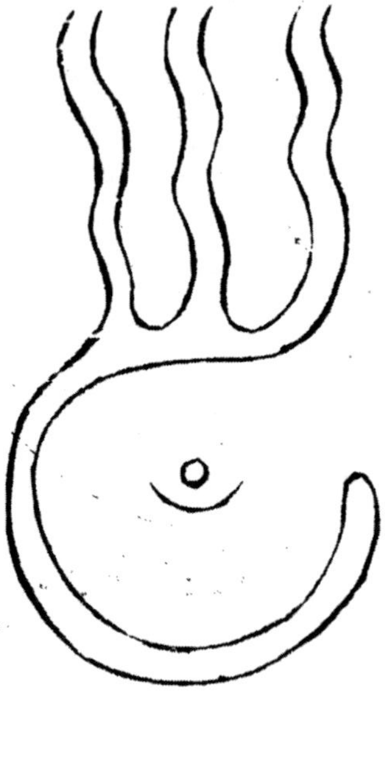

舞鳳蟠龍格

屈曲似三台
盤旋繞後來
兒孫登甲第
官顯列烏臺

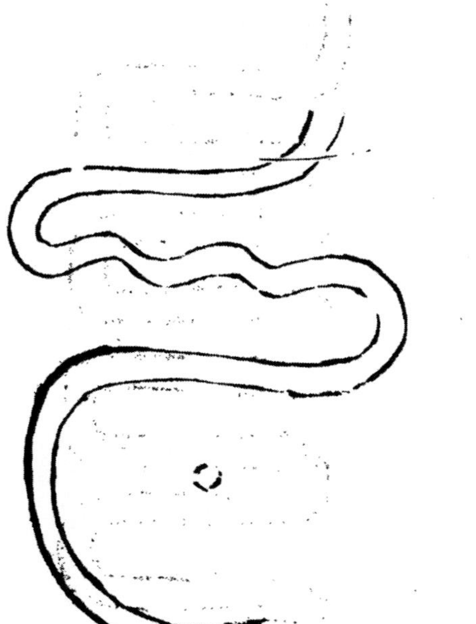

御街水格

御街城最異
辛相公卿地
龍後帶奇星
便成天子氣

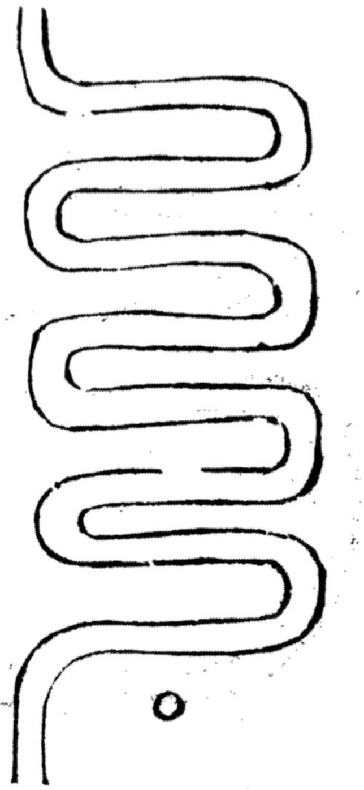

幞頭形格

幞頭前面流
爲官不用憂

此以水城遶抱
合格不重幞頭

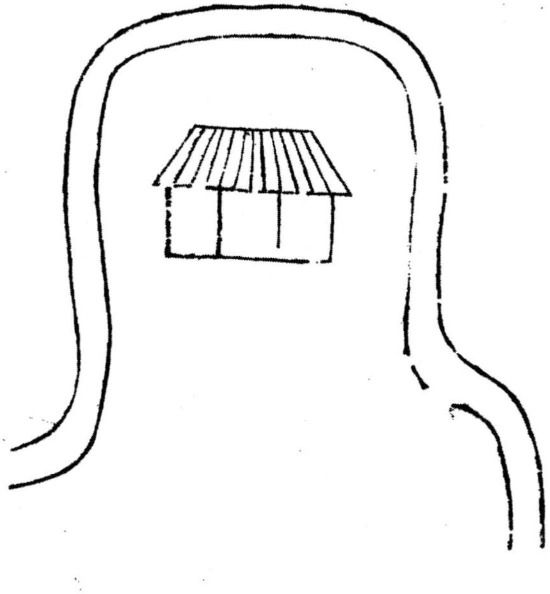

神衙水格
水水亦如龍
公富又身榮

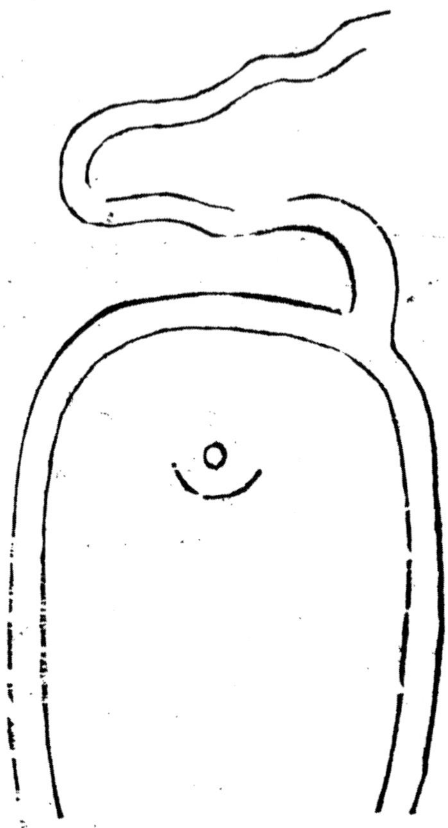

玉几水格

青龍有水玉几形
官居州縣有賢聲

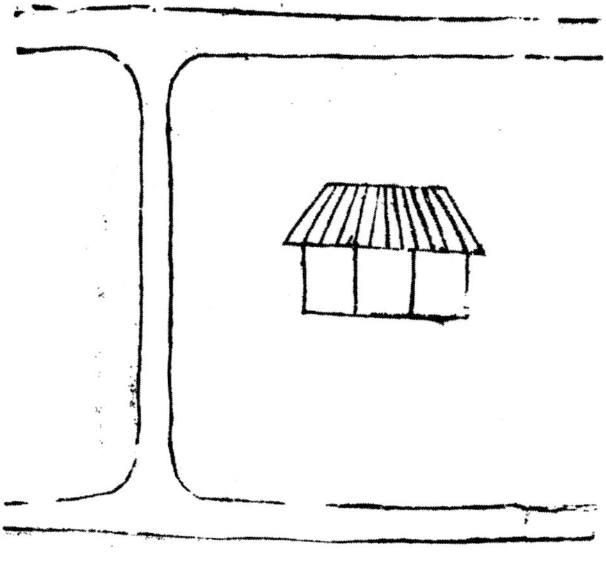

覆鐘水格

水灣如覆鐘
家業自興隆
兒孫發甲第
聲名達九重

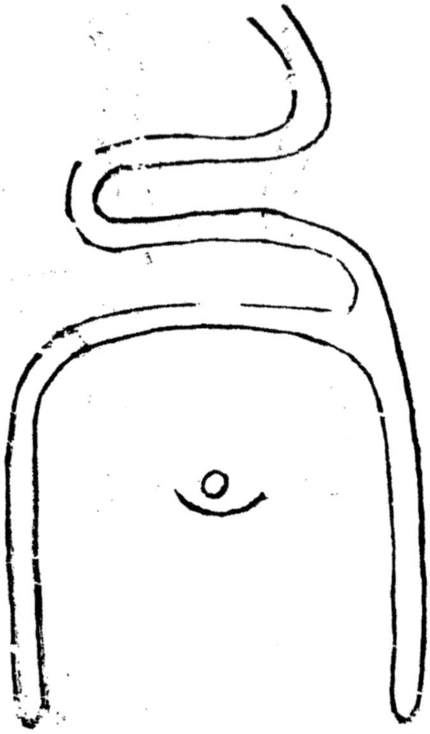

聚龍格

直龍四面來
又合又分開
氣散難豪富
常生蓋世才

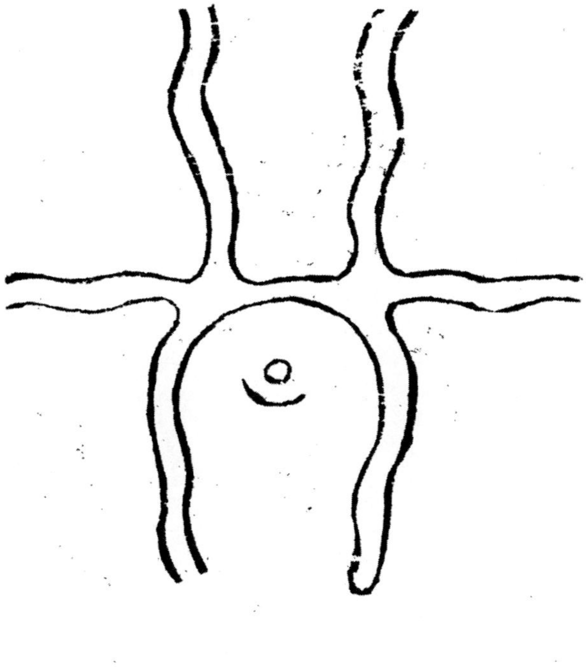

砂水合秀格
印浮水面笏橫前
文筆森森劍氣寒
火下水城如遶抱
兒孫定許作高官

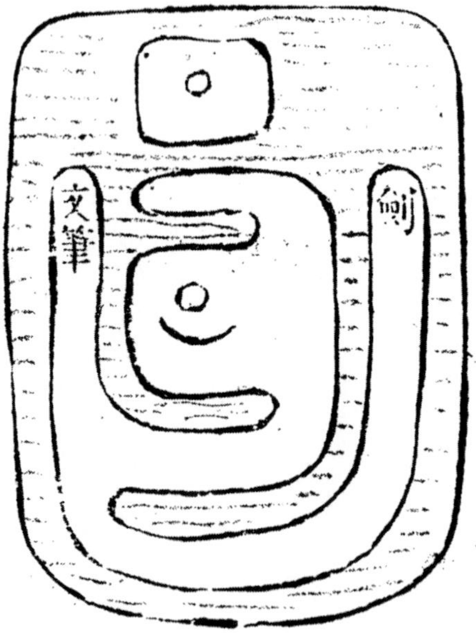

水龍經卷五上終

秘傳水龍經卷五下

山水連秀格

峯秀列雲端
無龍須看山
山水遥相映
兒孫熾且安

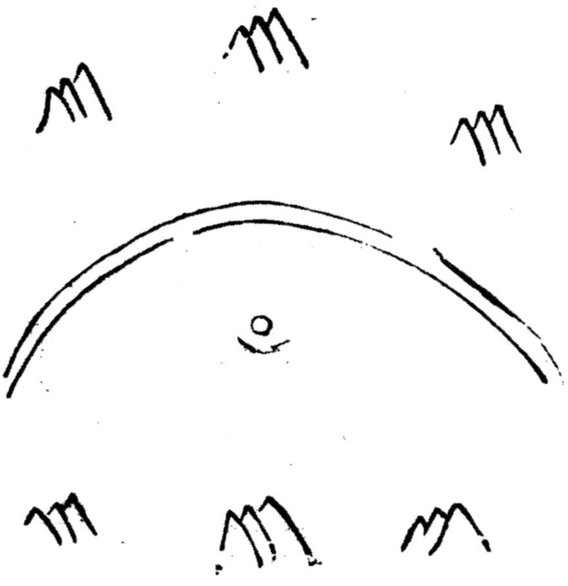

斜水侵山格

山龍之脈

亦忌水傷

縱能發福

不久敗亾

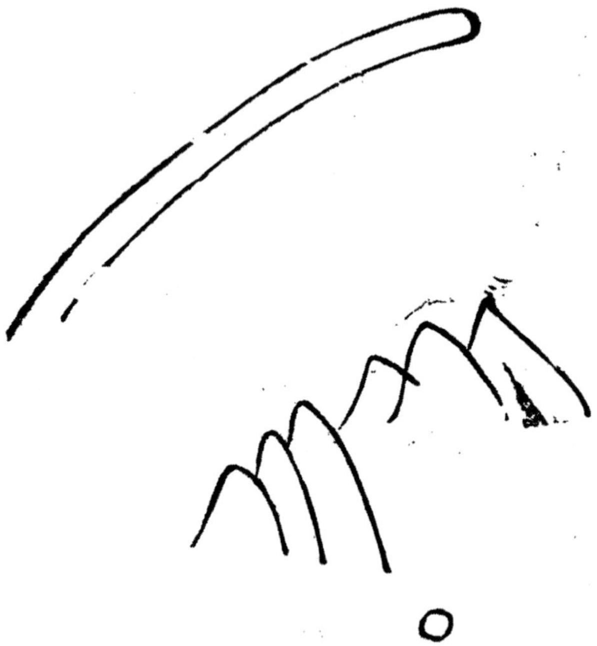

斜水射山些
劍水斜冲
死絕貧窮

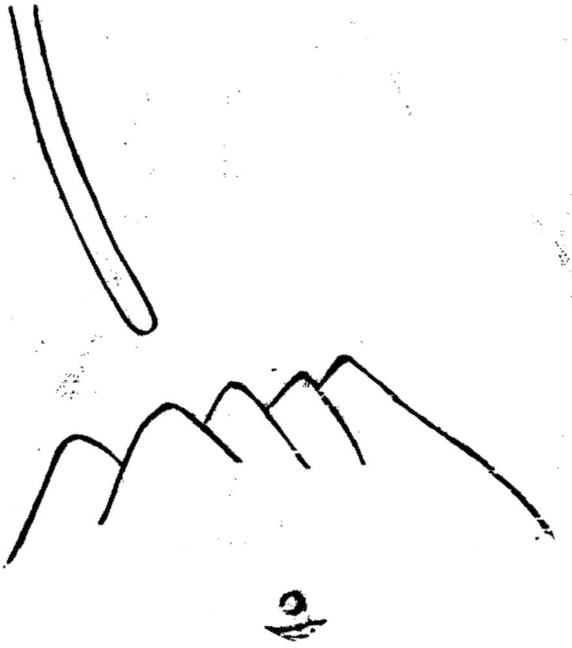

池湖格

汪洋巨浸眼中看
立穴休教太近前
不然位窄無餘氣
富貴妻兒也不全

墳前積水深
圓鑑足誇人
兒孫多俊秀
男女更雙清

凡對大湖安墳立穴稍遠則爲大吉若小湖池不在此例

訶註

前後有湖池
墓宅兩相宜
池前須正對
池後莫斜欹
下法觀平正
側斜脈所離
更相方圓勢
井之百事宜

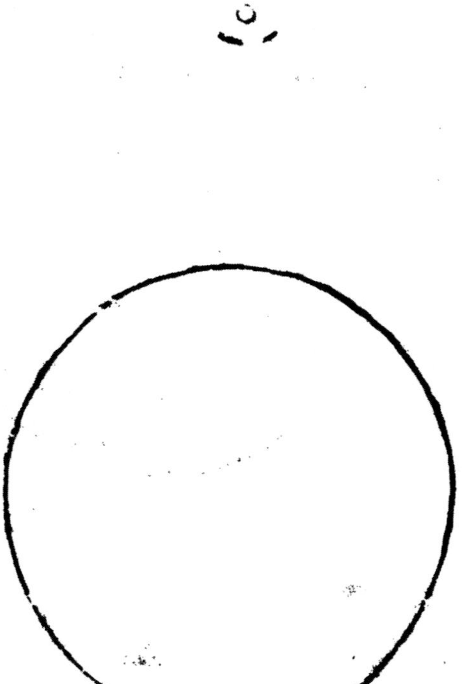

方印格
端方一鑑清
此地出官人

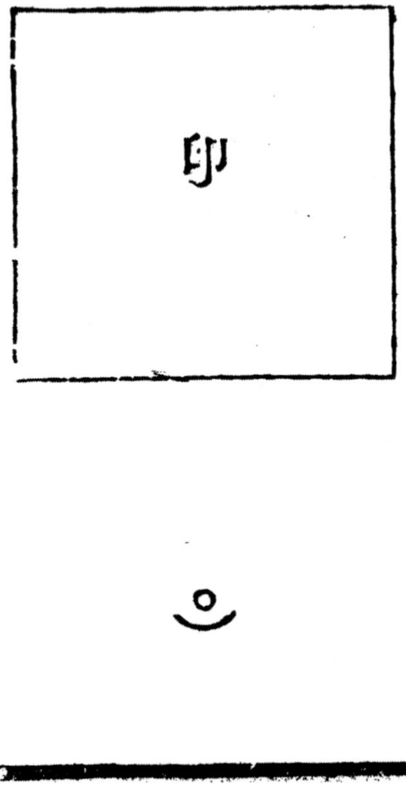

印鑾格

斷同上

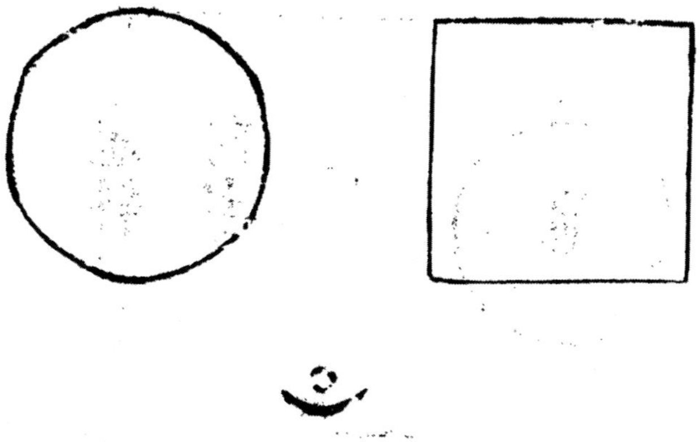

池湖凶格
汚池若坐偏
氣脈不周全
子孫多不孝
牢獄更相牽
四隅方位局論
宅向

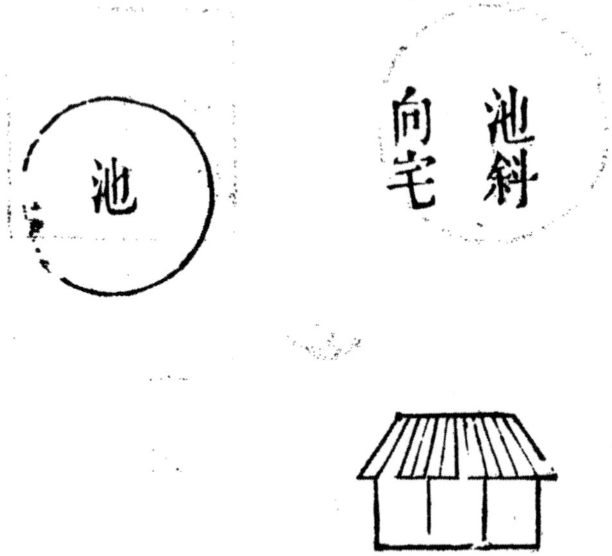

柸同上

凡內外宅在池塘旁者皆主客凶凡塘池塘水在冢後偏斜者主子孫不孝餓死

宅同

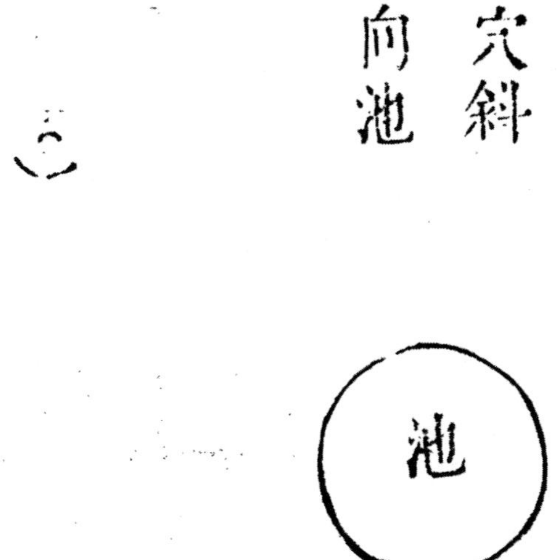

橋梁格

當面橋冲

孤寡貧窮

死亡疫病

宅墓皆凶

橋在衰敗之方

故以凶論如在

旺方反能發福

不嫌朱雀

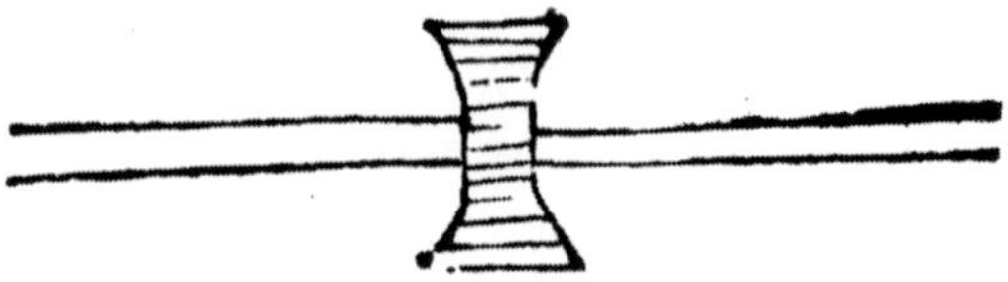

亦同上

凡龍有橋橫

鎖水自安甯

橋須細看方位

不得但看靑龍

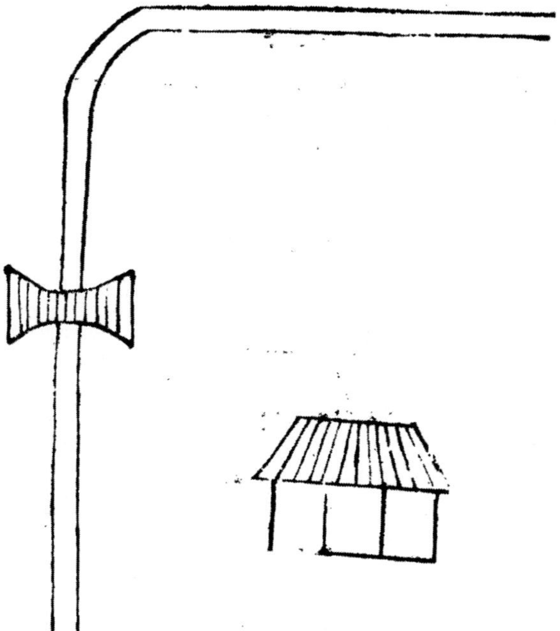

陰宅有因橋而破風氣之故耳

橋梁格

蔣大鴻曰此亦在衰敗之方陽宅以浮氣為重故因并以白虎言也

陰宅橋經

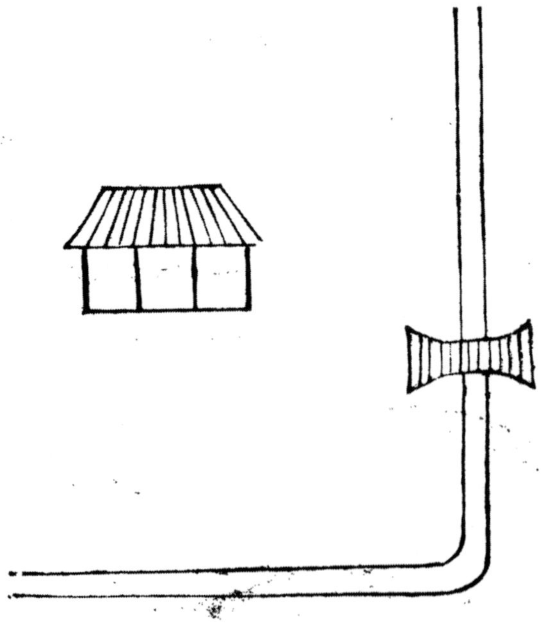

水斂抱從
直過水爲凶
微環氣脉連
雖無富與貴
安居不覆宗

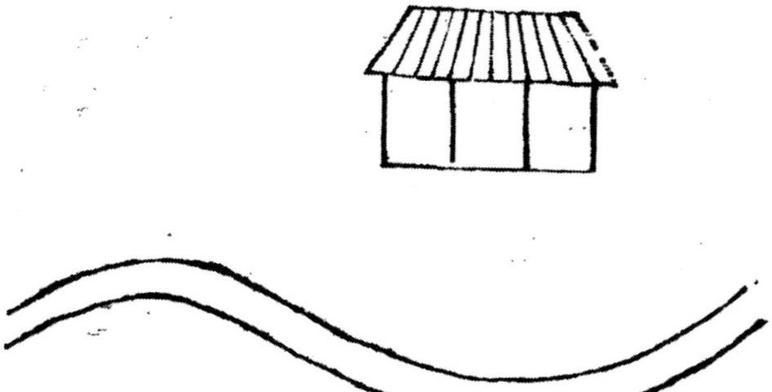

明堂橫水格

不牽不掣

不反不飛

內圍外直

此處可栖

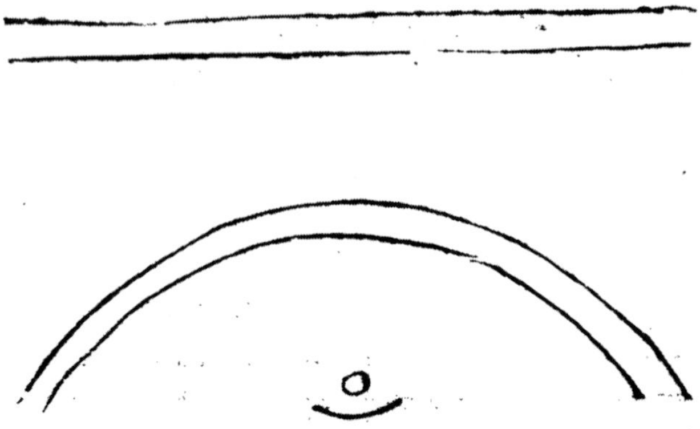

格同上
不斜不側
扞此亦吉

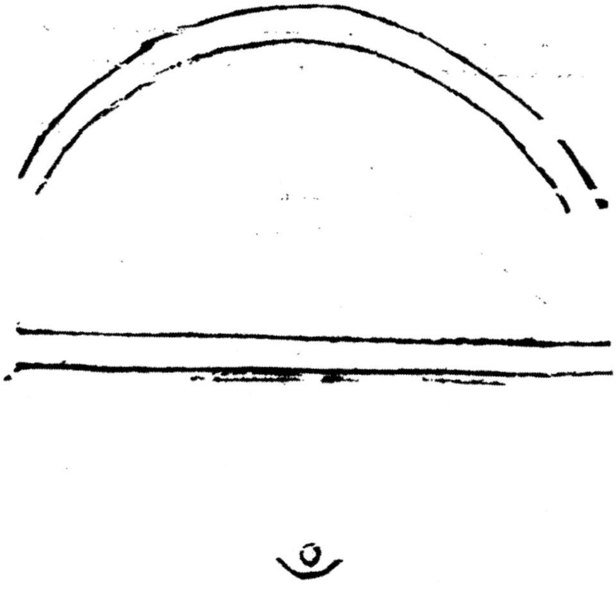

反跳水格

白虎源頭似反兜

縱有金銀鬼暗偷

墓同

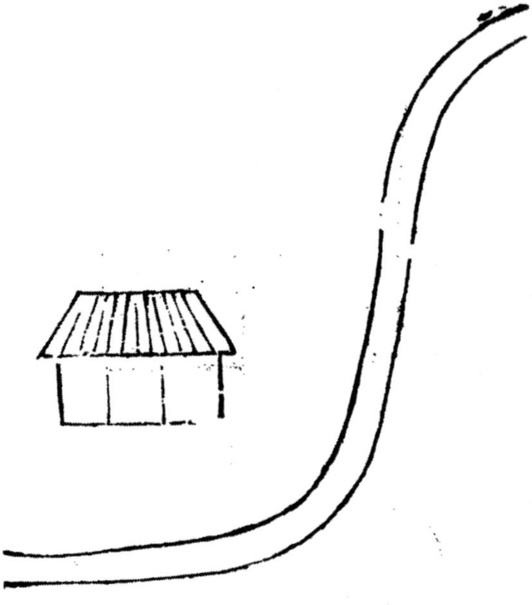

格同上
水反不復回
扞此退家財
右逢小者禍
左見長房衰
凡家宅居出水頭
者多主子孫死亾

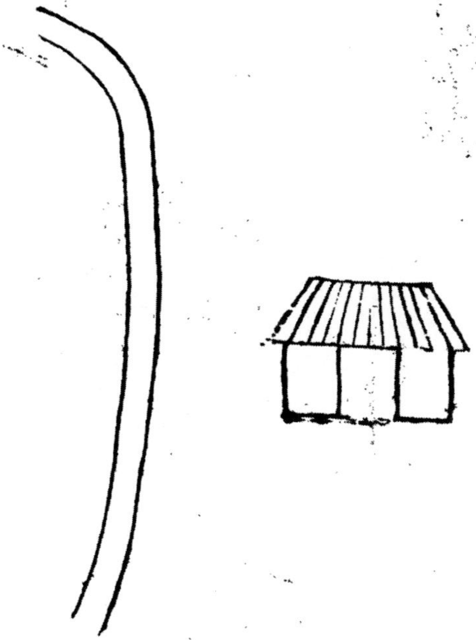

反飛水格

青龍水反飛

家破又人離

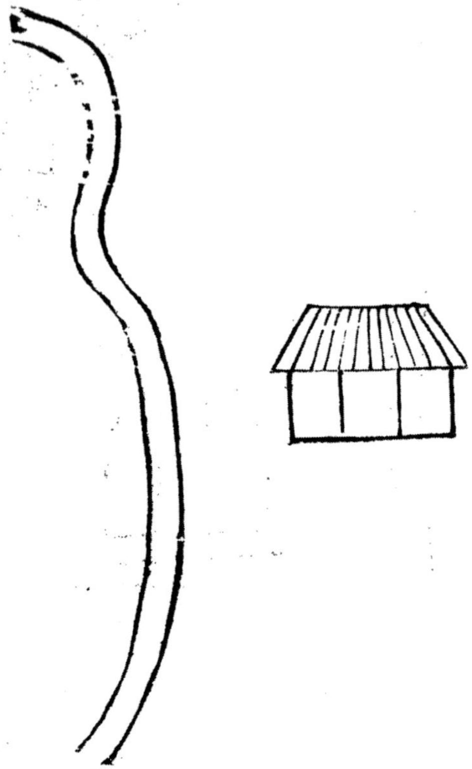

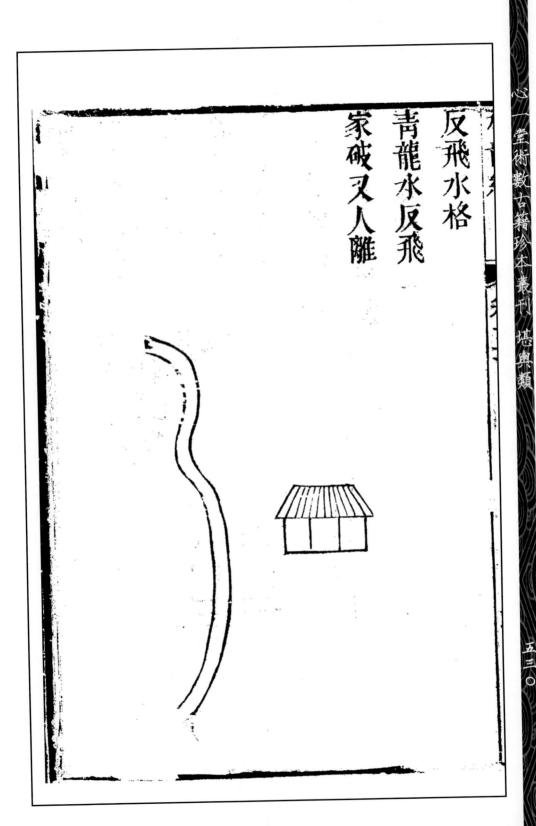

撫脚反水格

坐後土為星
脚反便無情
扞此終難發
明師莫誤人

凡宅後有水直來即折向西去者其家雖暴發富貴必出犯刑之人墓同

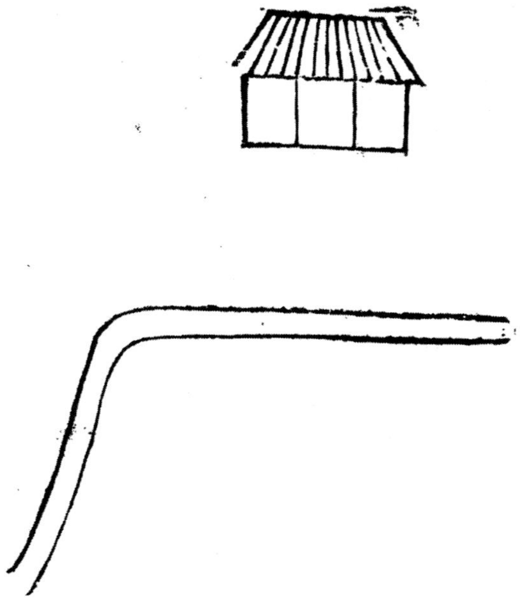

先抱後反格

先抱後反

一發便衰

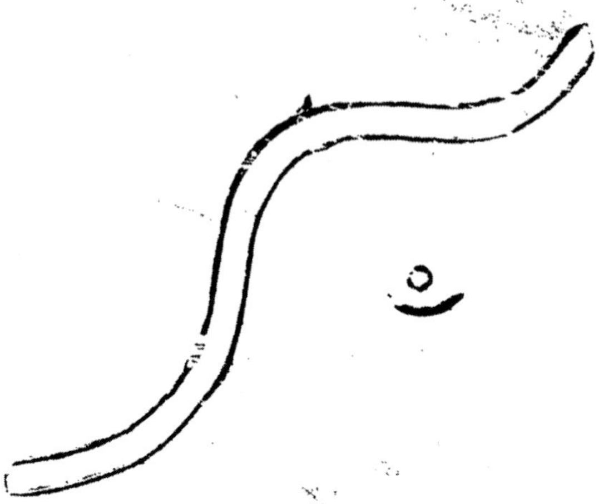

反跳水格

反跳最爲凶
安墳萬事空
生男少忠孝
生女柳花中
水纔過穴而反
跳一丈不直

乇同

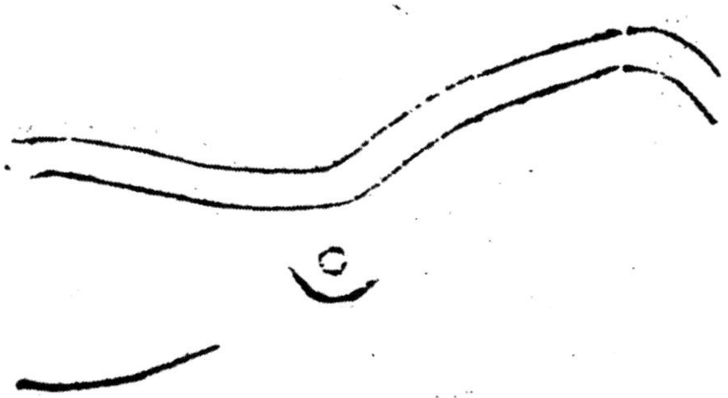

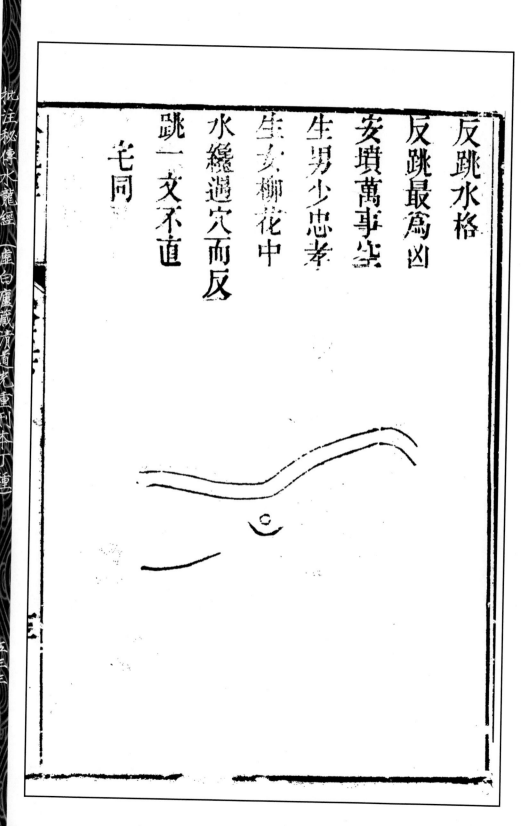

翻弓水格

水法似翻弓
扦之必有凶
出人多拗性
悖逆亂家風

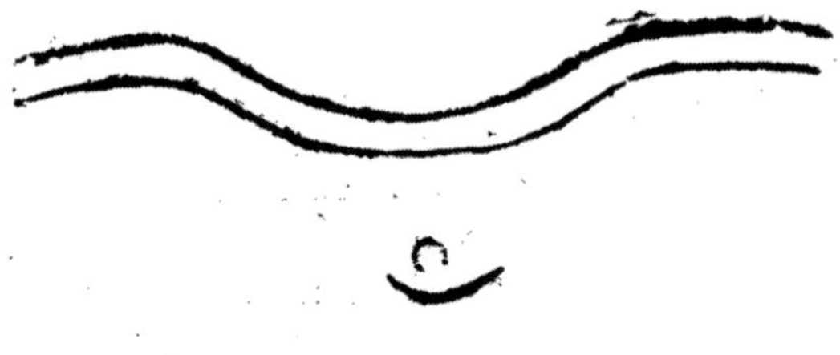

綣舌水格

水如捲舌形

退敗損人丁

是非多牽惹

常生瘖啞人

後雖遶抱而左手反

去所以吉中有凶

墓同

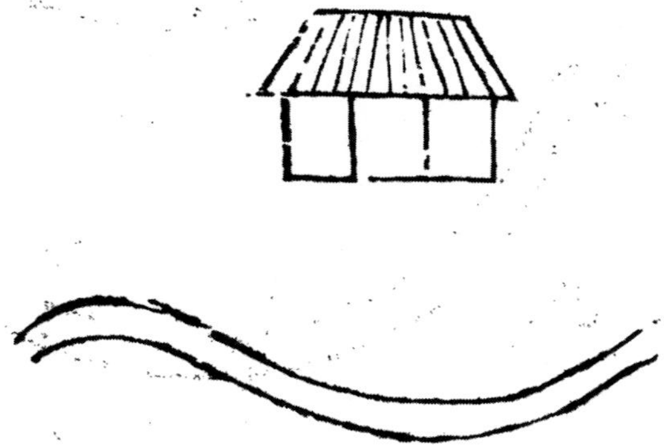

重反格

水反兩三重

其家定主凶

前有兩水流向冢邊出

主子孫不孝及殘疾

格同上

青龍白虎兩分張

家財退散客他鄉

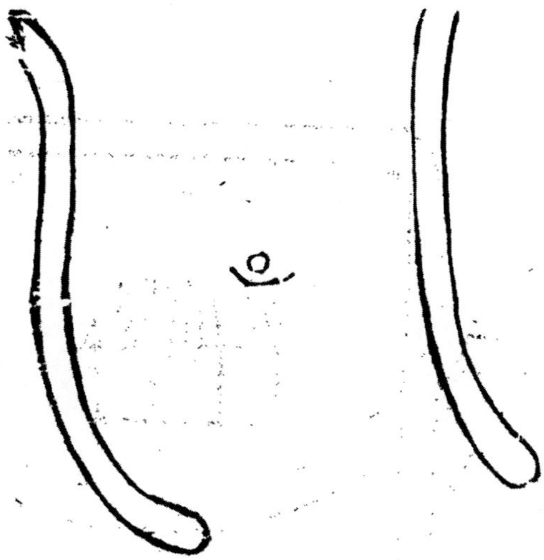

左沖漏氣格
左邊河水直沖來
風吹浪打散入財

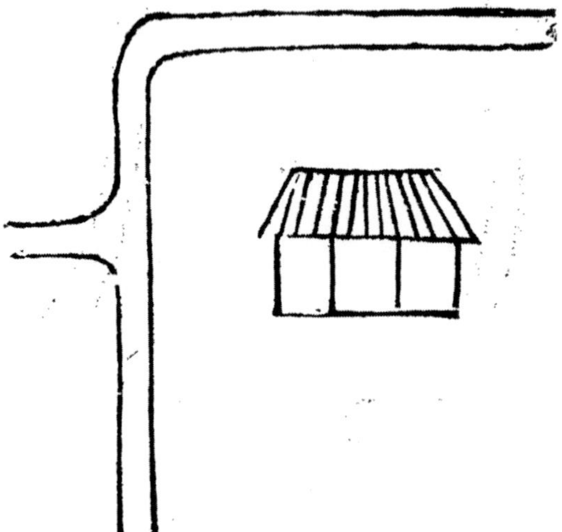

右沖漏氣格

此皆金土城也爲左斷同上

右木星沖破便不吉

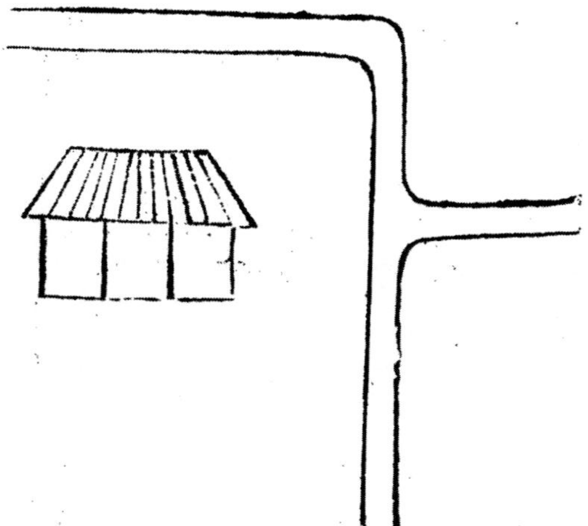

枝水漏氣格
直木有枝兜
旺時不用憂
若然加一抱
富貴自優游
宅前與後皆陡氣漏
墓同

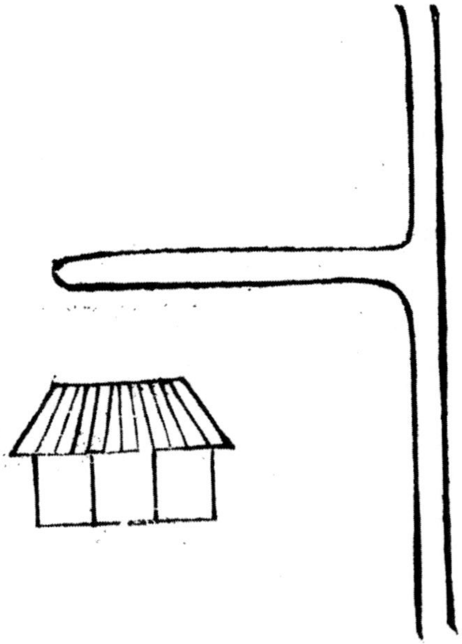

[illegible]同上

左水尖如筆
休嫌形太直
若逢乖舛運
退敗纔倏忽

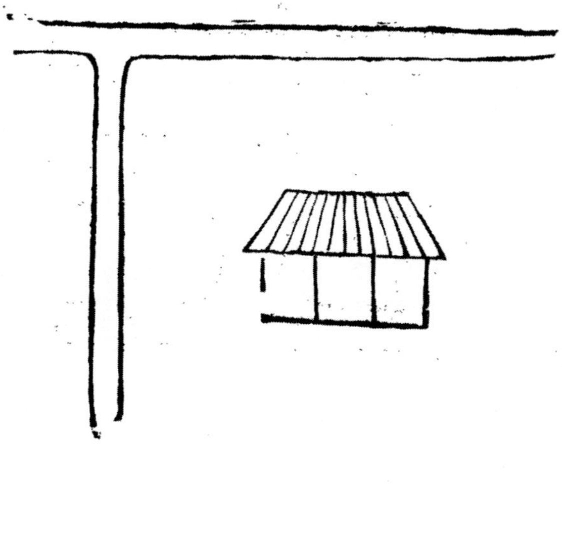

漏風水格

十字交流處處通
縱如織錦也成空
莫將大水爲收口
浪打風吹無定踪

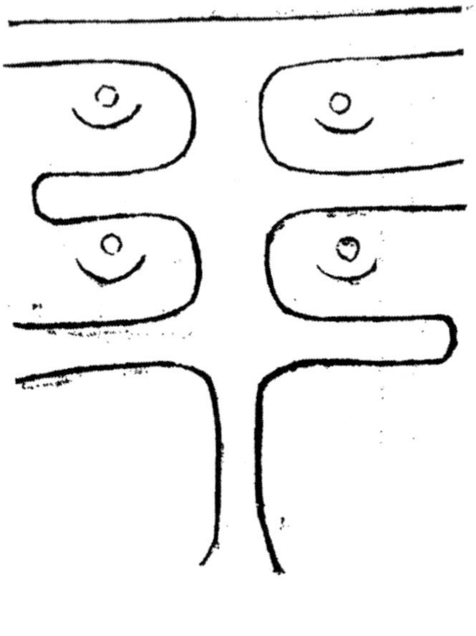

格同上

漏風吹冢邊

子姓少夭年

更出夜行子

橋欄莫保全

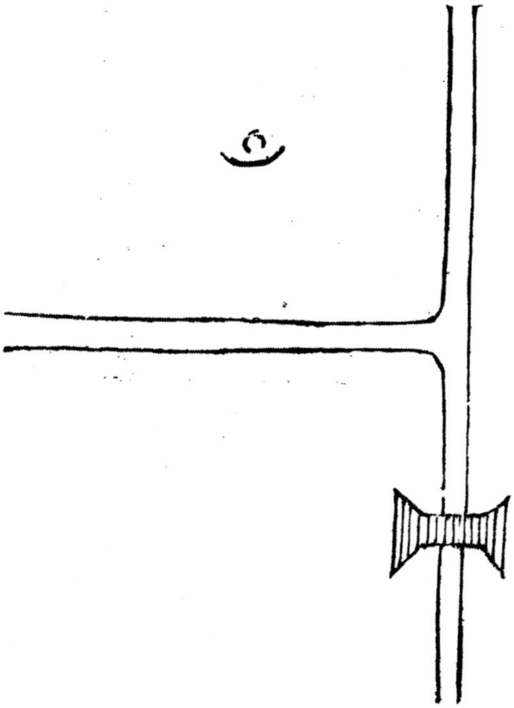

交流水格

水口兩通風

後代受貧窮

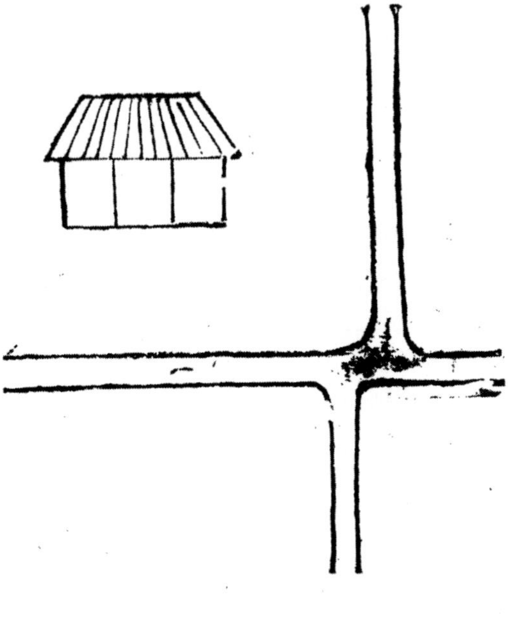

漏風格

乾風吹冢

後嗣覆宗

巽風吹冢

子孫患瘋

此亦以元運衰替言之

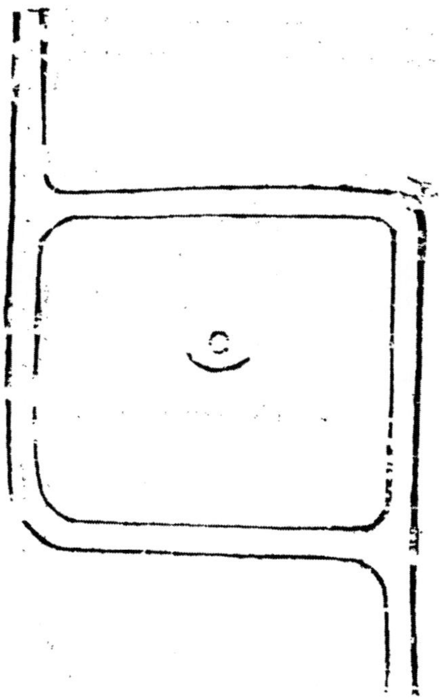

漏風格

風自乾坤起

孫主竄離

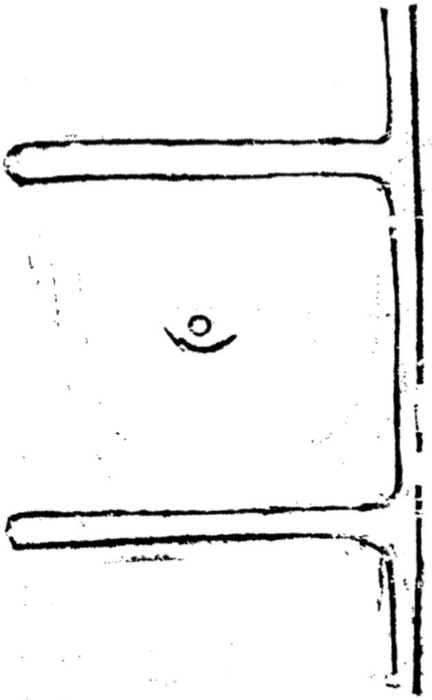

交流水格

二水交流分向八
那堪一去不回頭
水迴似抱是係交流
全然無氣不用採求

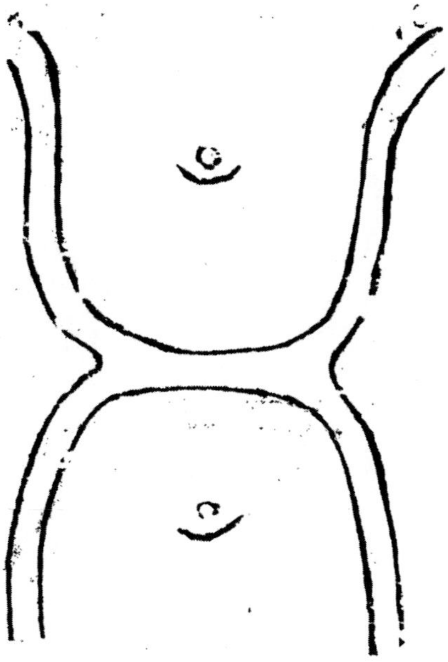

漏風水格
插界似難逢
無兜便漏風
眼看如織錦
葬後總成空

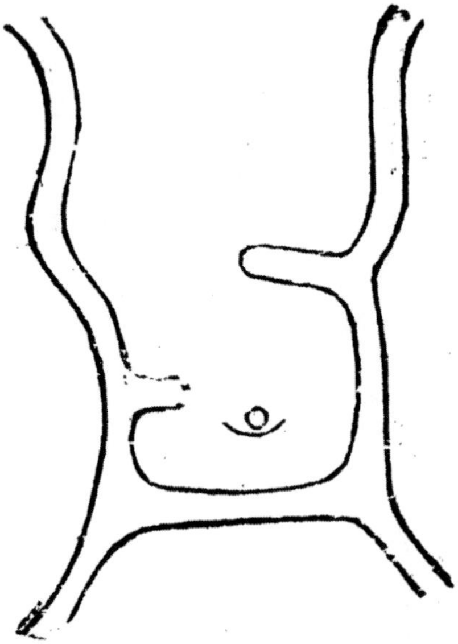

格同上

水向四隅飛
浪打又風吹
灣勢難堪取
不結豈相宜
犁嘴地主出抄街

若後面土壓水抱
此處亦爲小吉

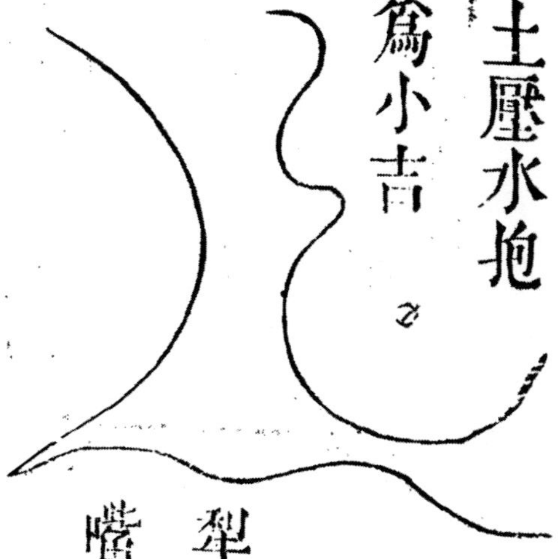

犁嘴

此地無遮掩
風吹穴氣寒

四水格

四曲水停流
不久有災憂
心疼并腹痛
水蠱藥難投
運旺纔一發
運衰一旦休
兩邊稍可住
中處更堪愁

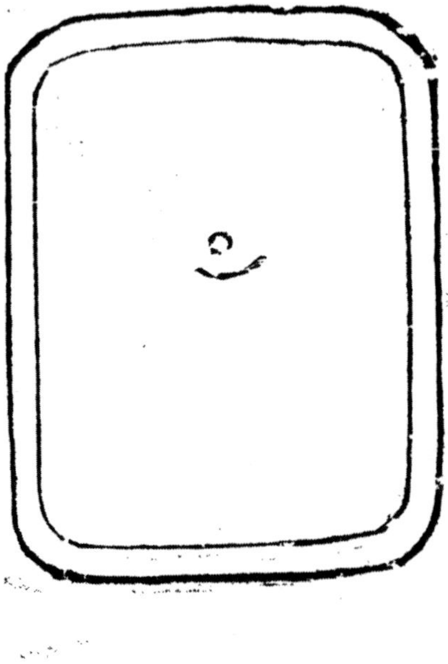

格同上

一代發福

一代飄零

若不急徙

三代無人

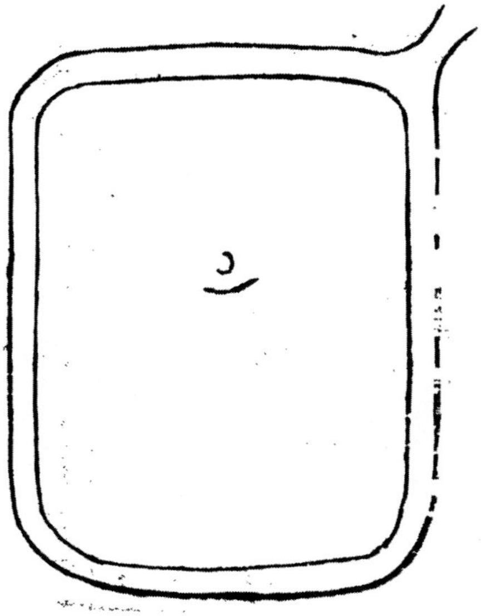

十字水格

十字水前流
宜暫不宜久
家財漸漸消
疾病年年有

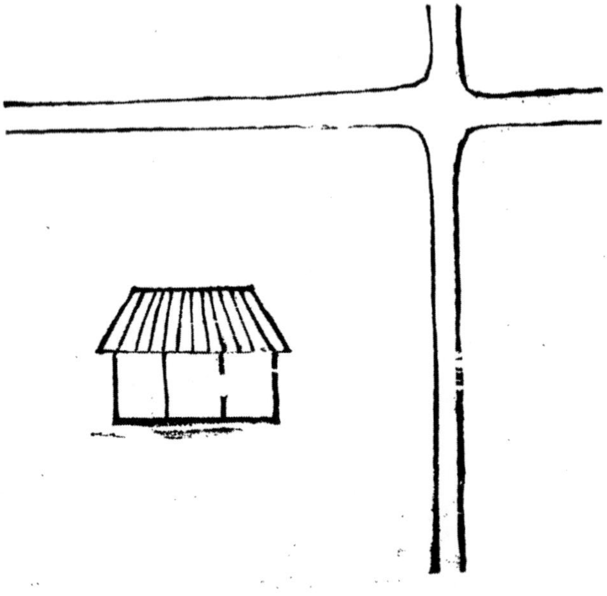

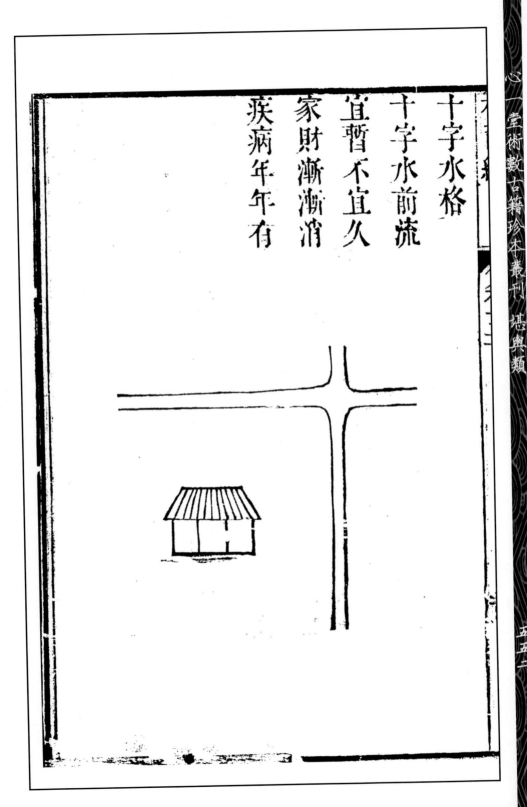

格同上

水城十字形
手藝宰屠八
縱使能温飽
閧門賤且淫

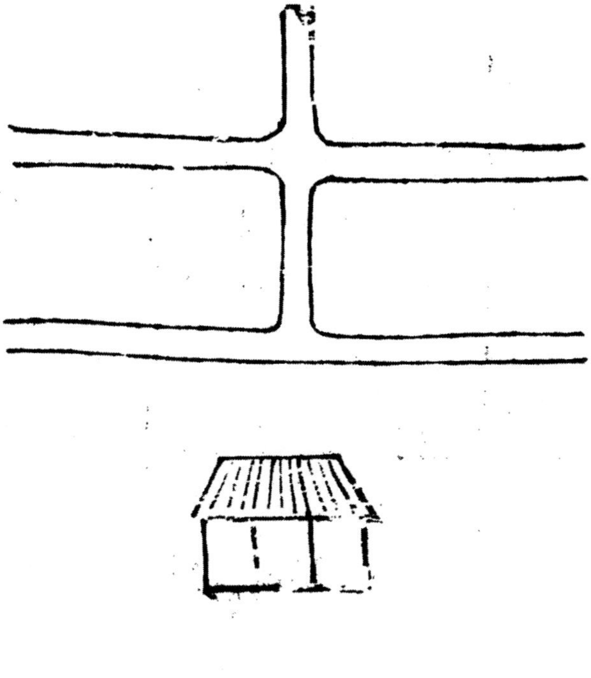

格同前

宅後青龍十字河

四面風衝鬼病磨

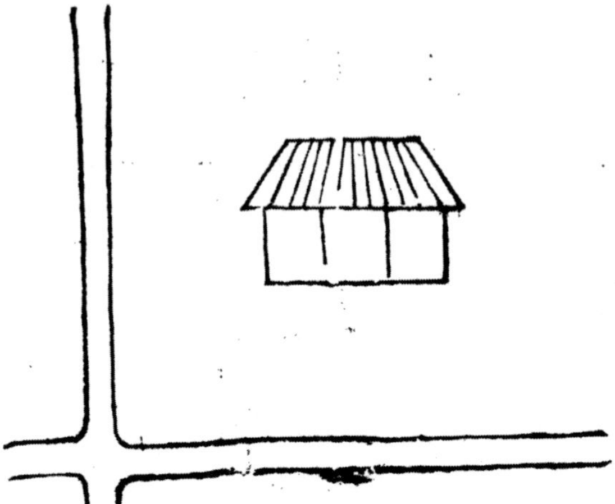

廿字水格

斷同上

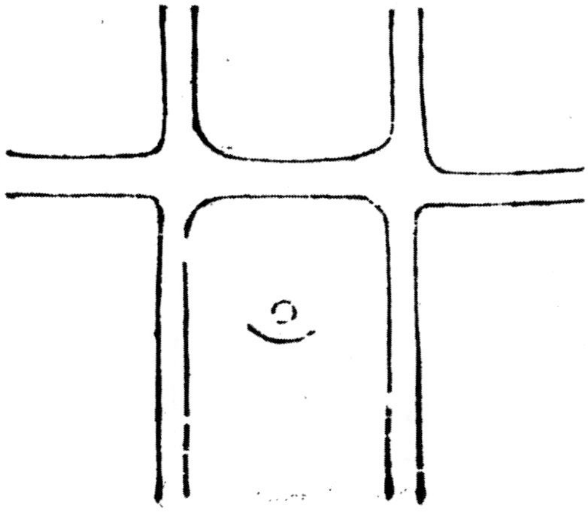

井字水格

十字之水總莫看
廿字井字總一般
若然市井猶堪住
禍曰一家不可安

四水相朝格

四水入明堂
直射不相當
屈曲如回顧
千倉與萬箱

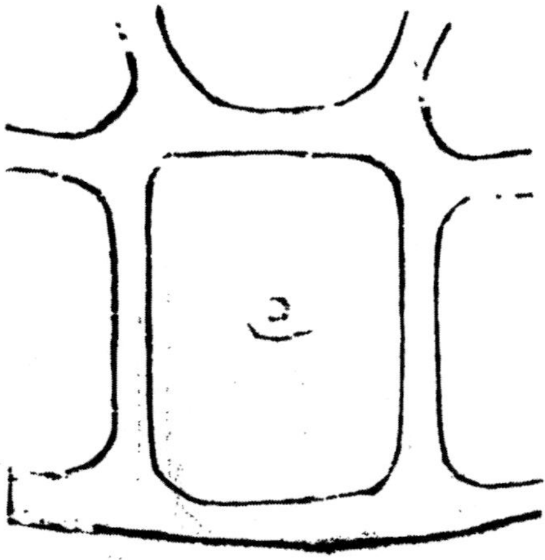

箭射格

箭水射當心

飛來大禍侵

枉矢格

穿心之水又斜行
上應天文枉矢星
刀箭加身兵賊死
更添自縊及官刑

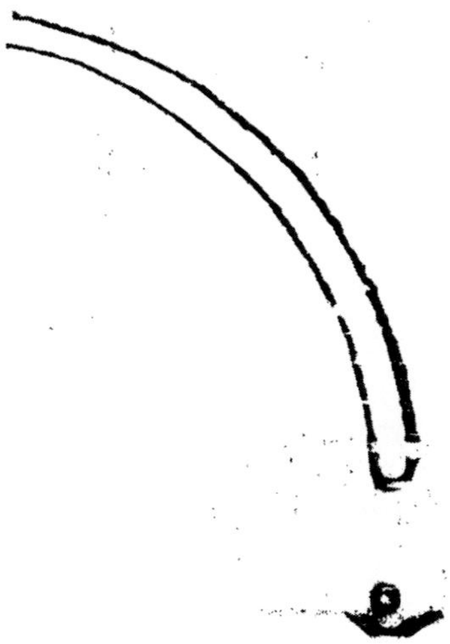

尖射水格

青龍槍射身

後代定遭刑

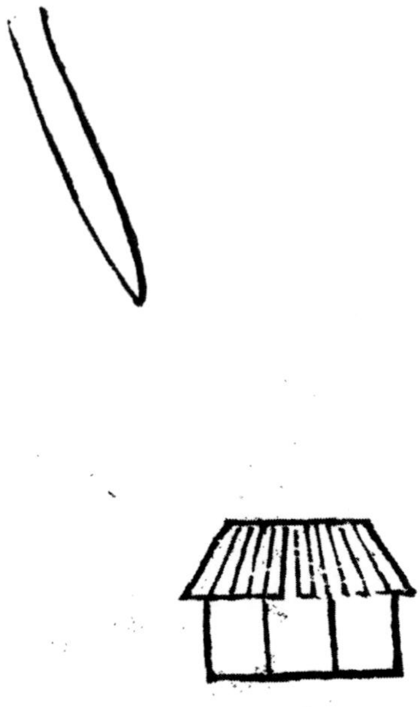

刀槍水格

水勢似刀槍

殺人不可當

子孫多賊盜

騎驢上法場

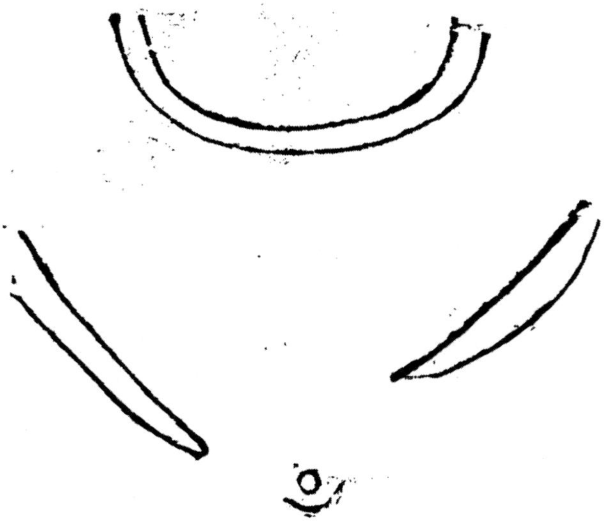

槍形水格

前水似尖槍

此地見凶殃

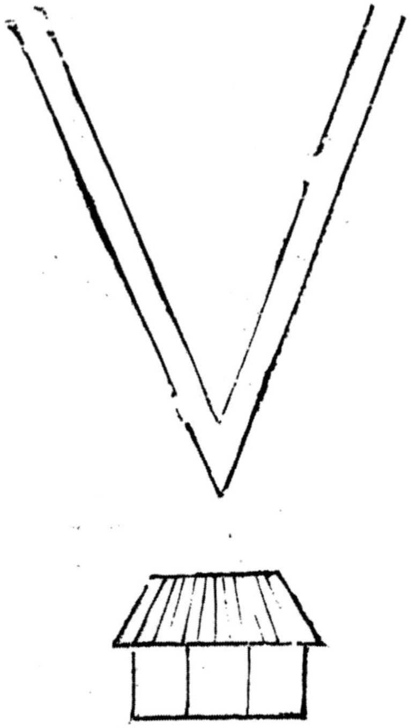

尖射格

同畔似刀來

扦此極堪哀

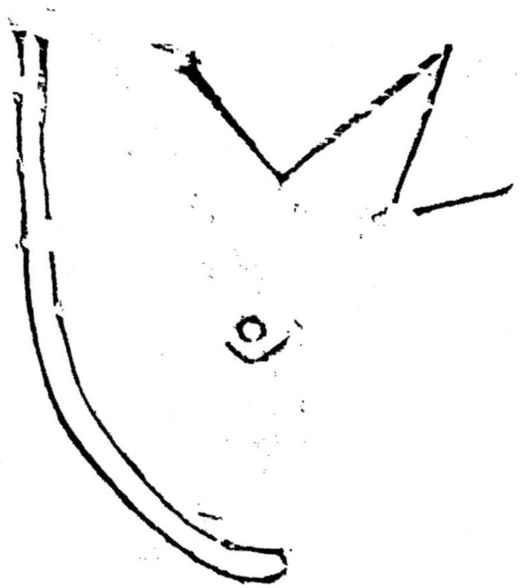

斫割水格
兩畔如斫割
瘟火兼刑殺
家業頓飄零
人口亦死絕
斫割者形如刀斬也

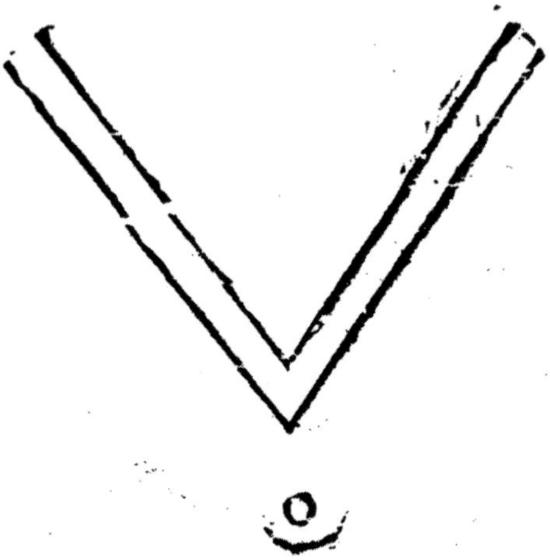

格同上
斷同上

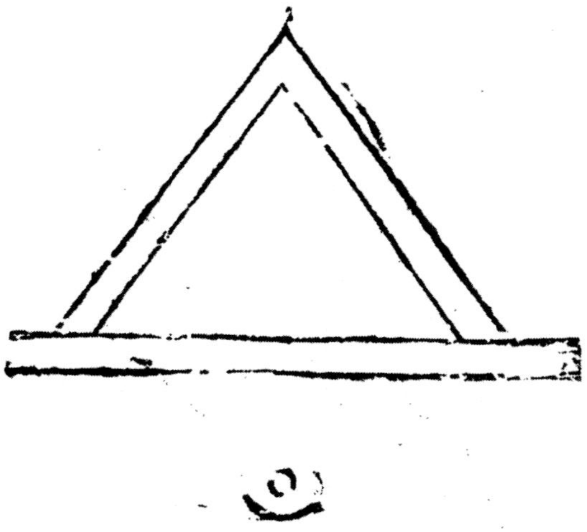

橫射斫割格

滔滔流水直沖來
形似彎彎莫取裁
縱是吉星兼合卦
相逢立刻見凶災

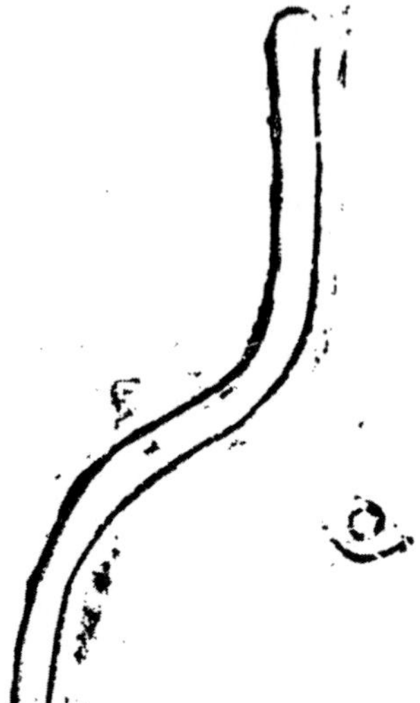

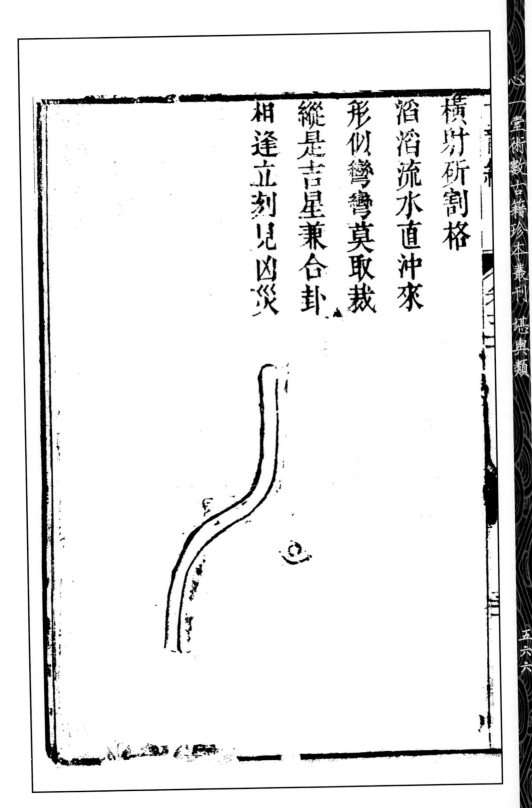

斫割水格
刀劍安墳
斫割形真
投河自縊
軍賊伶仃

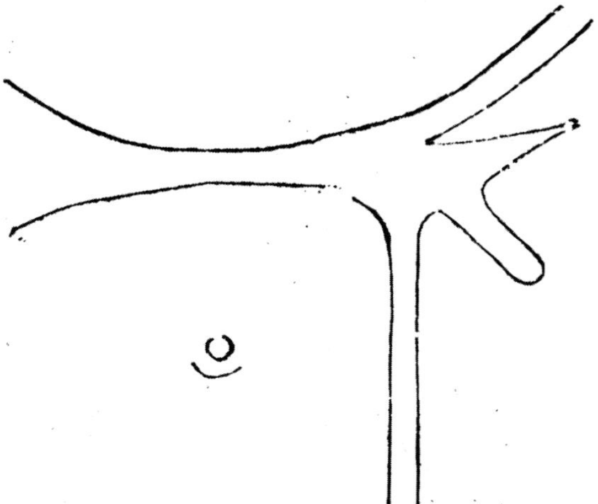

交劍格

交劍入明堂

橫死少年郎

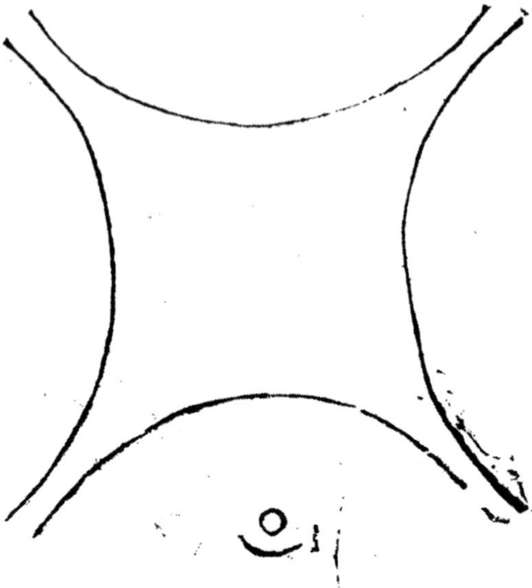

衆射水格

疊箭交加害更深

凶神惡煞日相侵

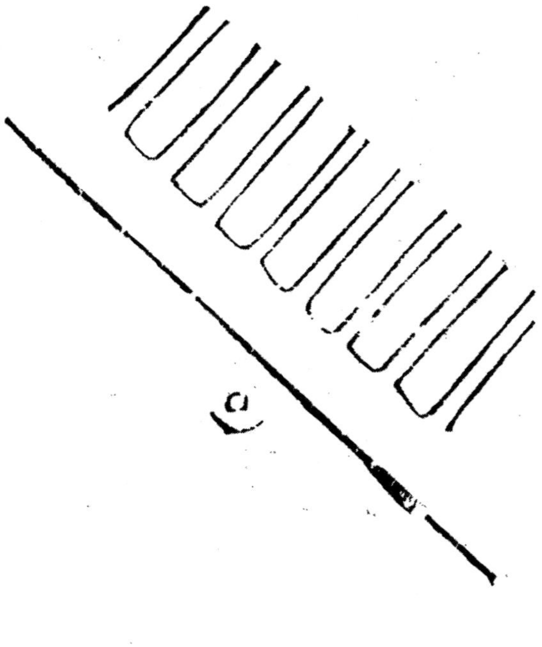

水破明堂格

水破明堂
家長難當
若不急徙
疾病危亾

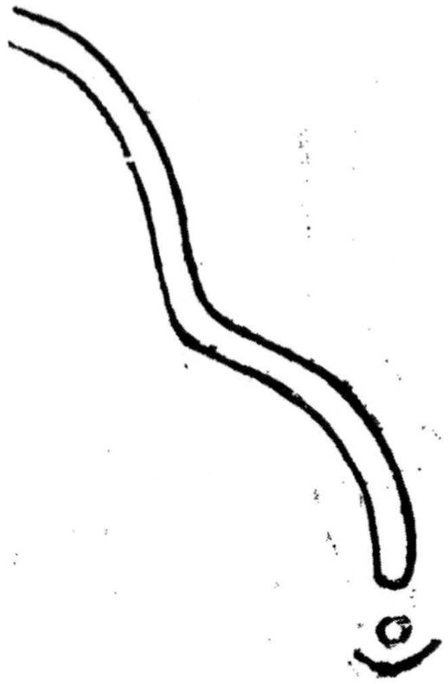

明堂開口
此水入明堂
開張去直長
路路皆尖射
刑獄并瘟瘴

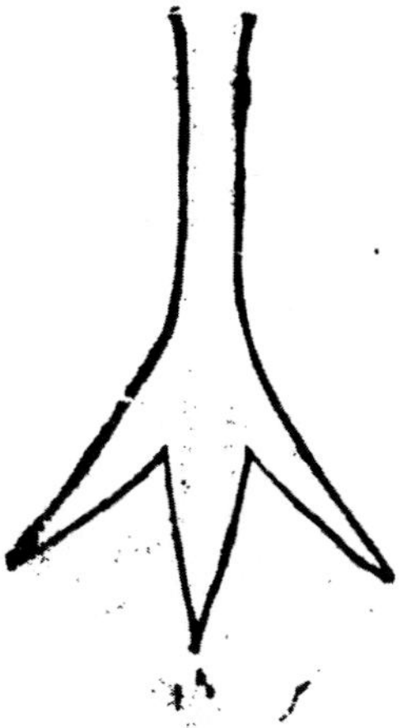

去水流泥格

流泥之穴主離鄉
只爲墳前去直長
說與時師高着眼
不須憑此誤賢良

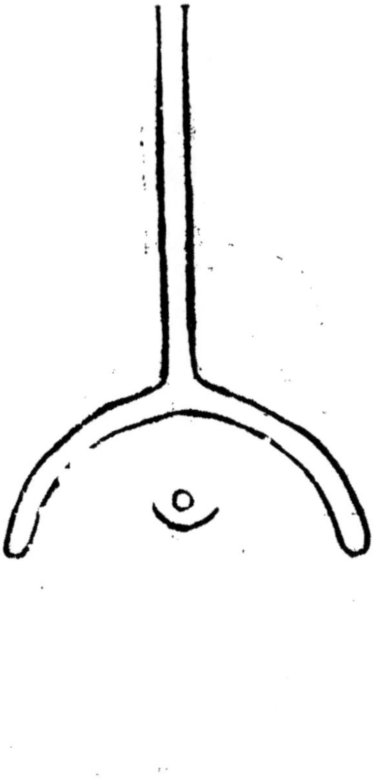

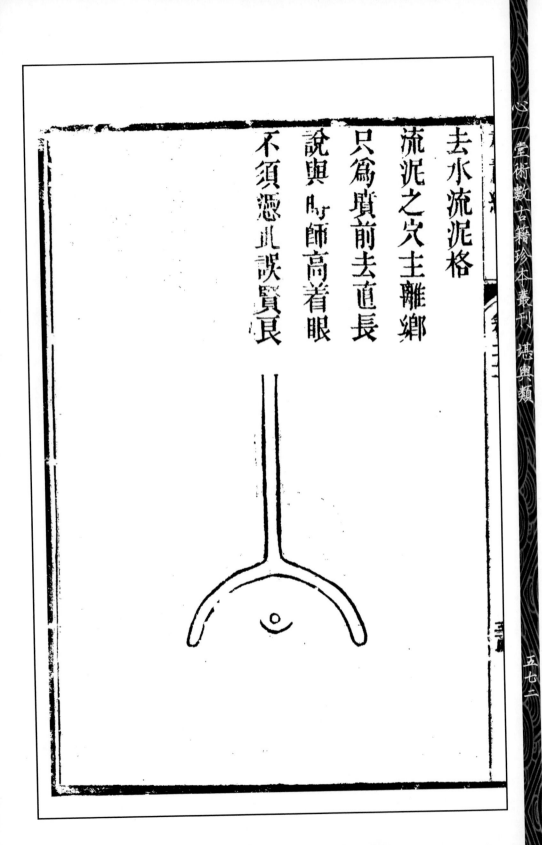

土牛回抱格
面前水直去
縱吉終不濟

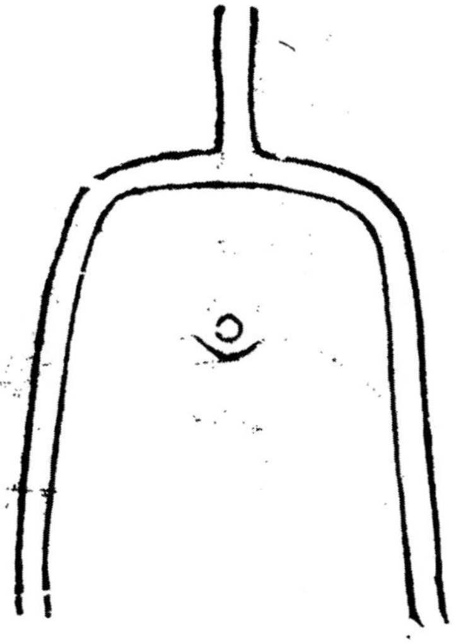

去水流泥格
縱有外邊繞抱
亦主退敗離鄉
即牽動土牛格

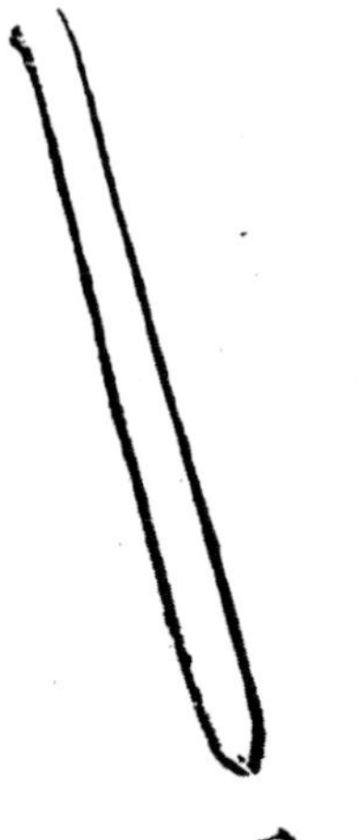

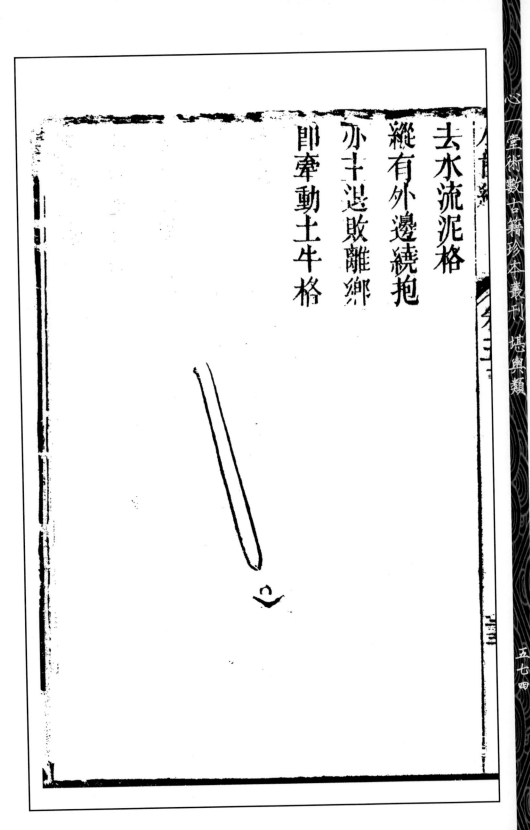

之元水格

明堂曲水似之元
土牛不動穴堪扦
葬後其家發大福
兒孫富貴出天然

前開水格

朱雀之水兩分開
病患災殃日日來

主傷宅長

墓同

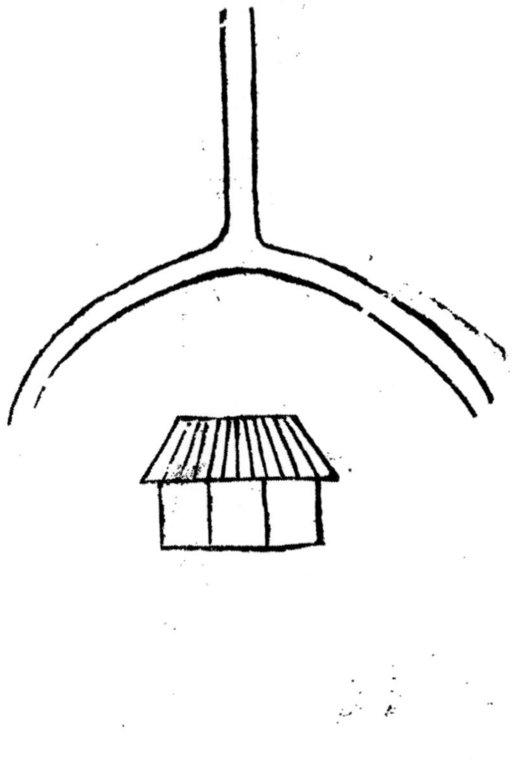

淫慾水格

前沖之水兩分流
有井當中淫不休
宅更凶又主
心痛多病

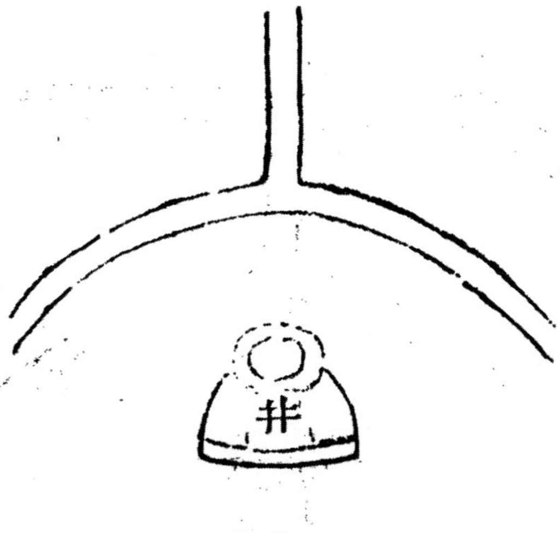

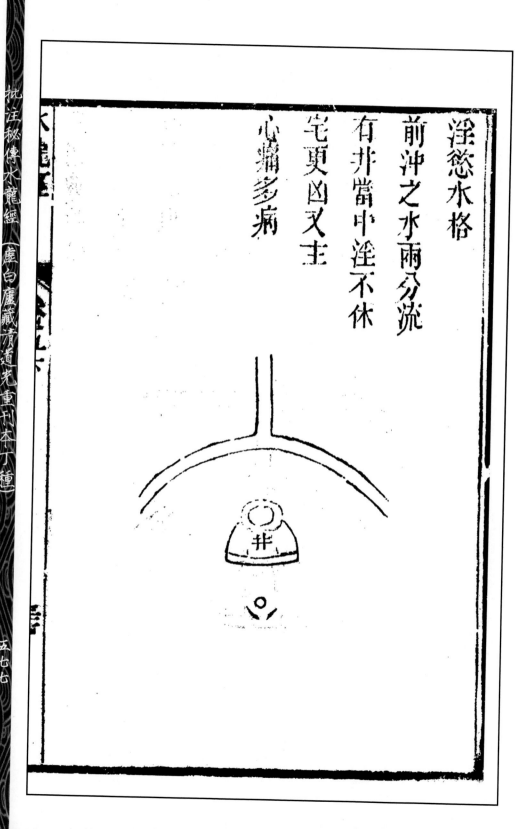

朱雀破頭格
人口不甯
財源虛損
墓同

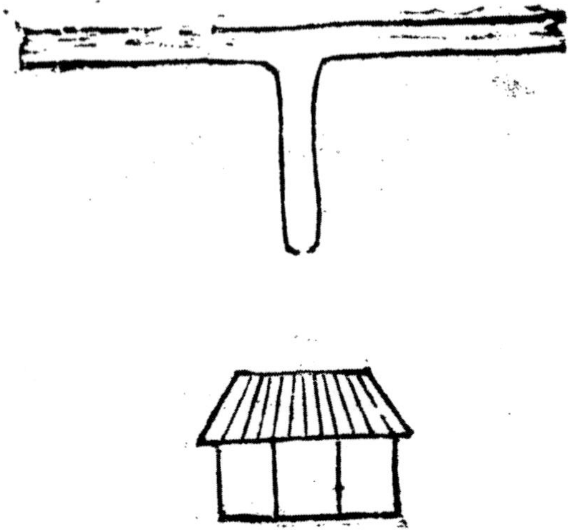

後開反丁水格
此水損人丁
後射不康甯
偏側猶爲可
中沖宅母驚
墓同

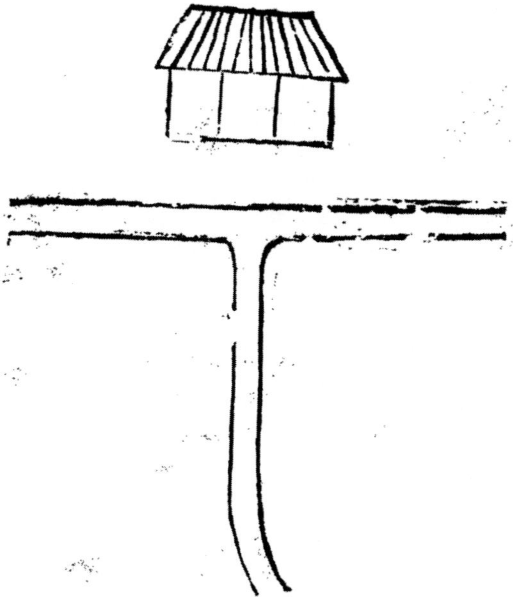

元武吐舌格

元武後沖來
宅母死堪哀
小口多刑剋
官非日損財

後開水格

此水亦傷宅

毋或以吉斷

者大誤人也

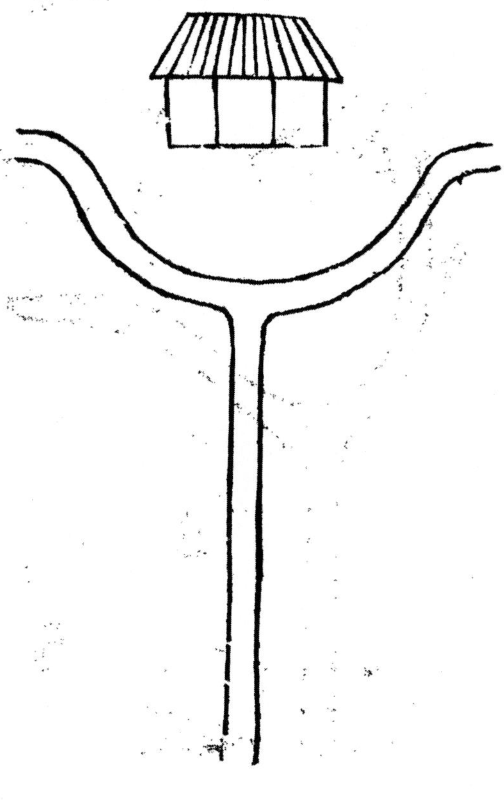

青龍吞冢格

青龍水沖激
後代無官職
疾病人頻死
拳攣兼跛躄
宅同

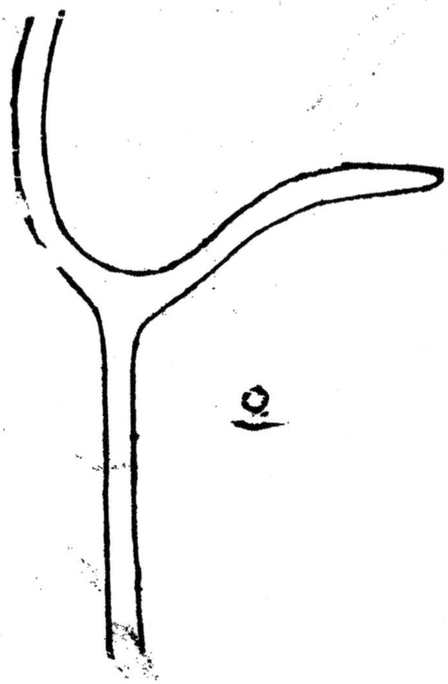

格同上

一水直沖來

尖砂兩旁開

格原名鬥水

宅墓有凶災

又主子孫戰鬥而死

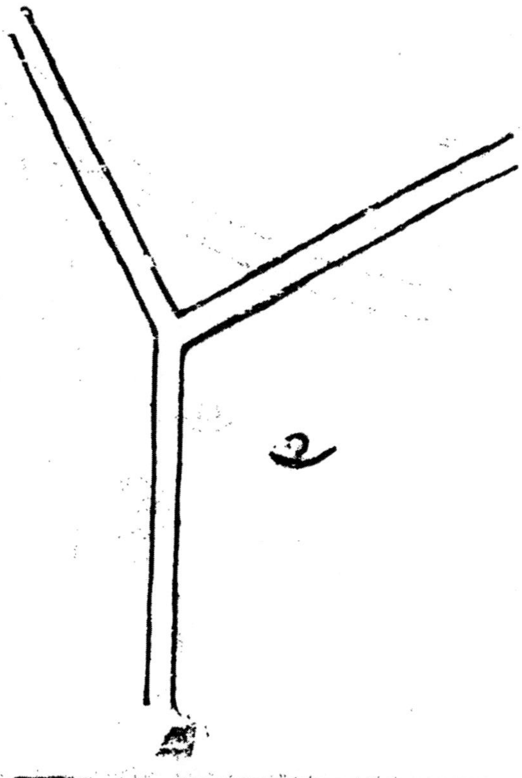

白虎銜屍格
虎水兩分開
幼女定傷胎
小房財退散
宅墓總為災

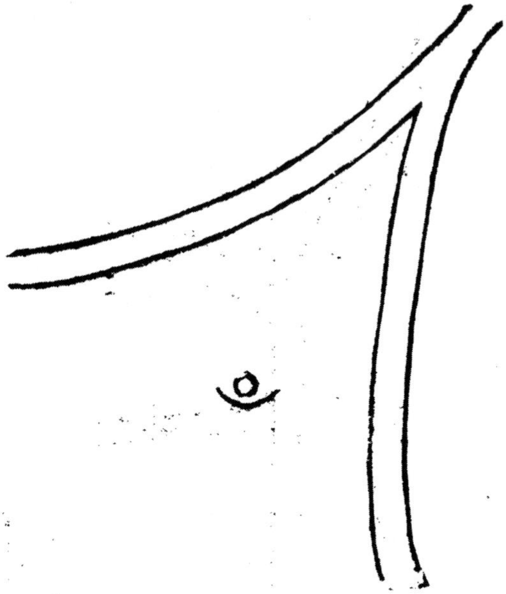

龍蛇併吞格

交加水射兩無情

其家抄估沒人丁

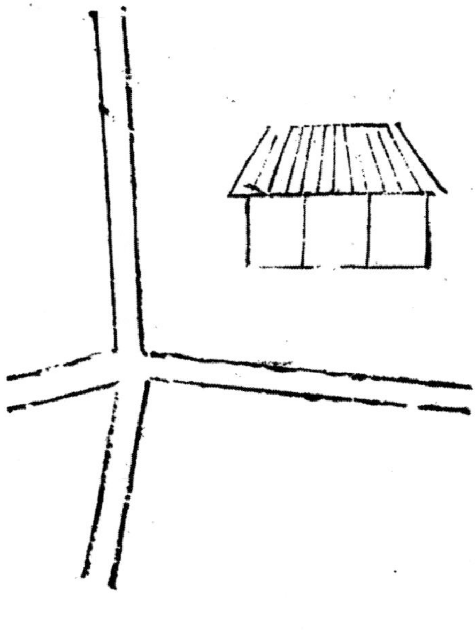

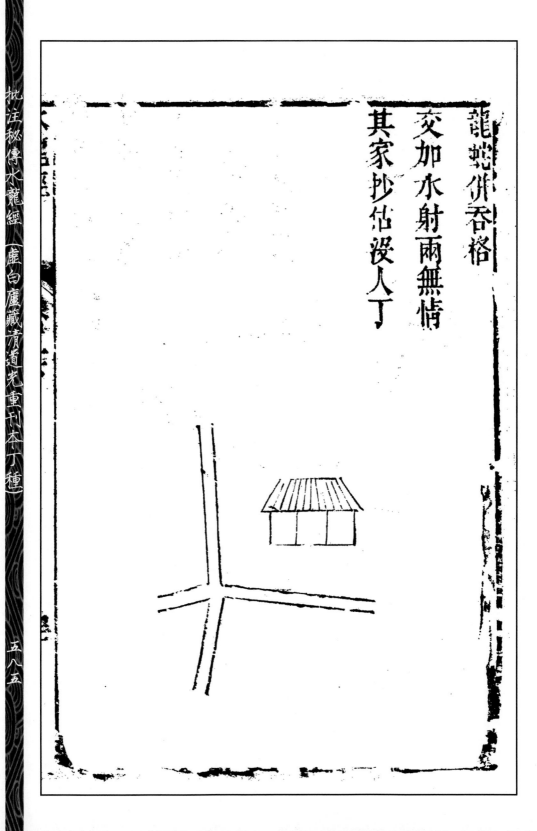

斜叉水格

叉水當門宅
此地多瘟疾
退敗世無家
他鄉死暴骨

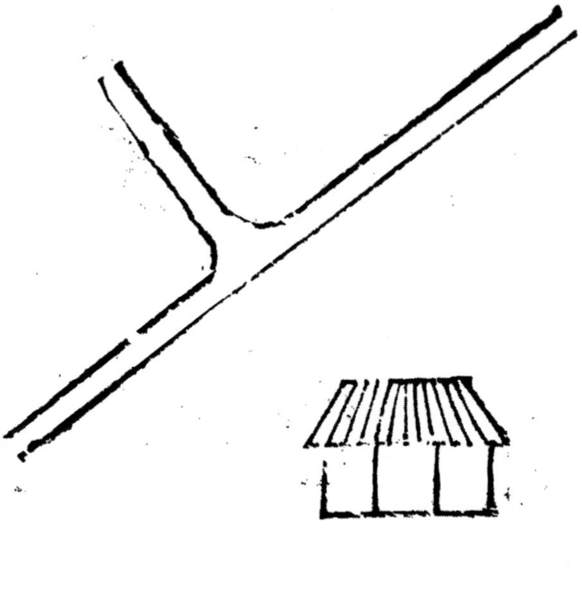

執笏水格

前水如執笏
貴名從此出

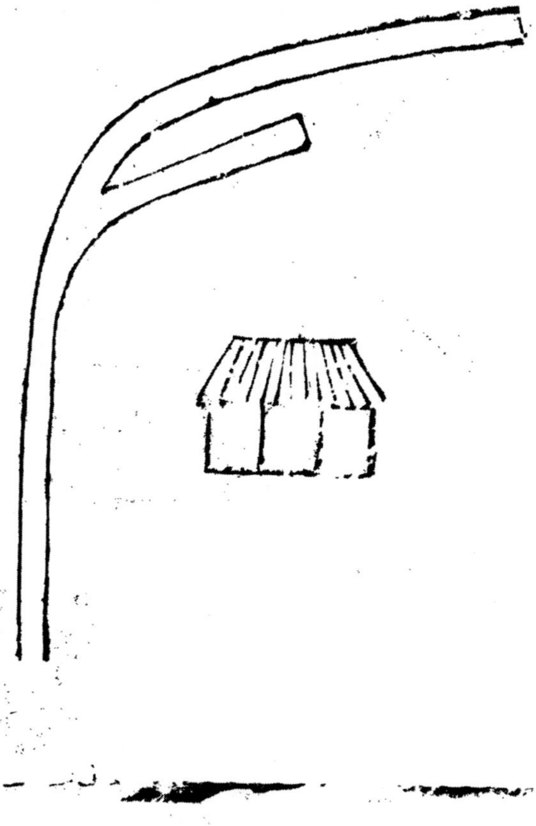

按劍水格
一兜如按劍
武職兼巡檢
蔣大鴻曰小水
圓者吉尖者凶

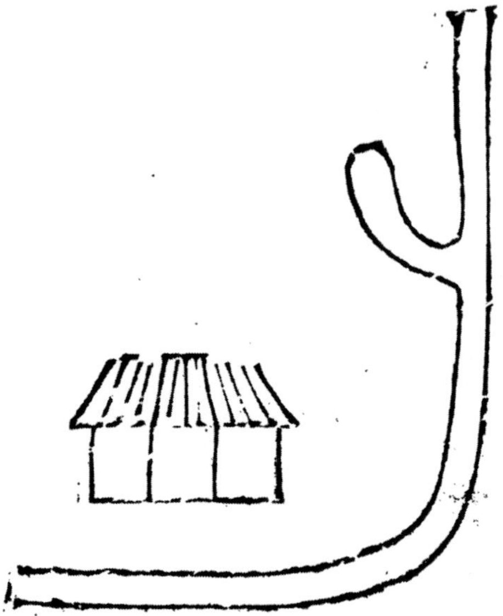

刀槍水格

右水似刀槍

兒孫受殺傷

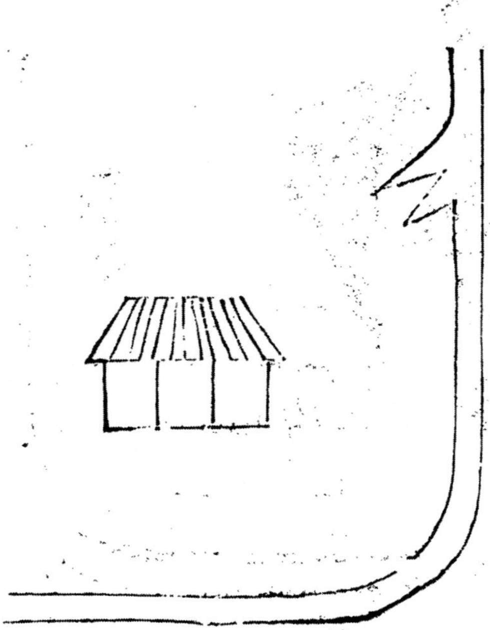

破碎水格
破缺見火星
宅墓有憂驚
龍脈雖然造
亦主禍來侵
蔣大鴻曰此
宅火星爲害

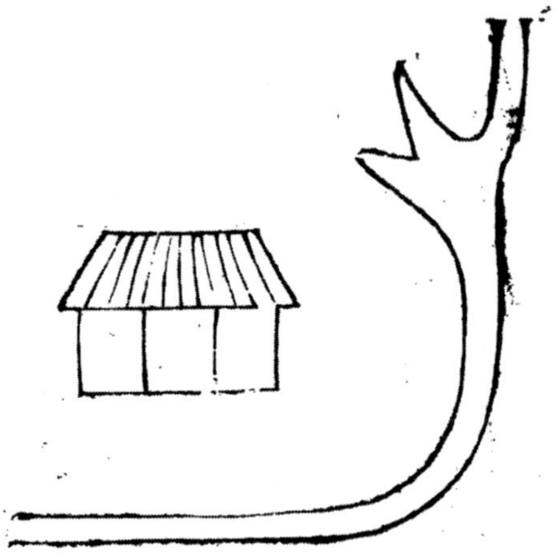

破碎水格

河岸多崩破
家內常災禍
此即金鵝箭
遠抱終何補

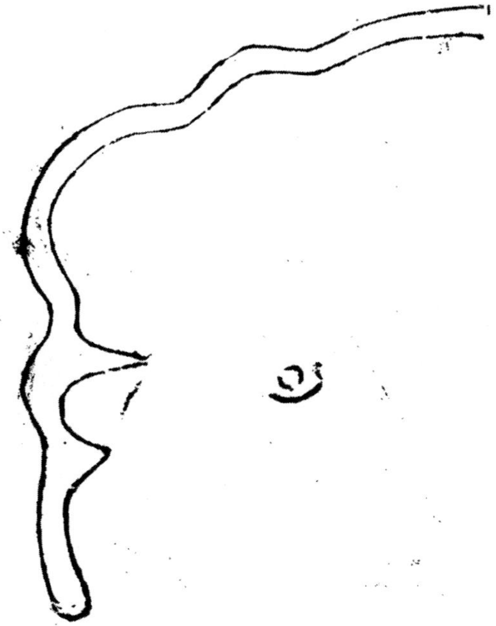

格同上
白虎岸旁缺
官訟無休歇

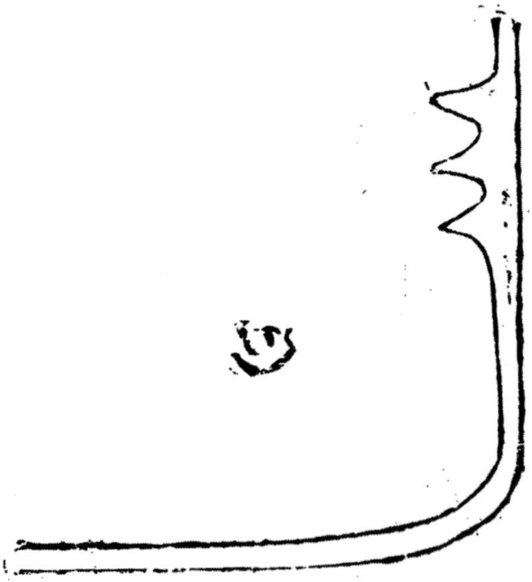

剄乃水格

此地不寬廓
形拗氣自促
世出師巫尼
傷小又跛足

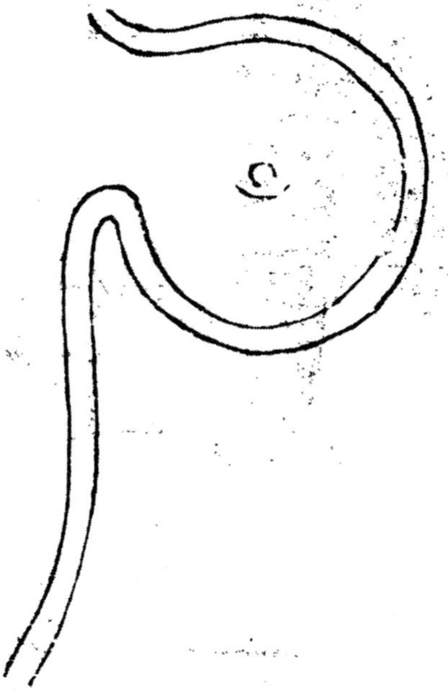

抄估龍格
兩頭尖小中間大
如蛇吞鼠急難下
馬腿牛蹄總一般
出人抄估家生怪

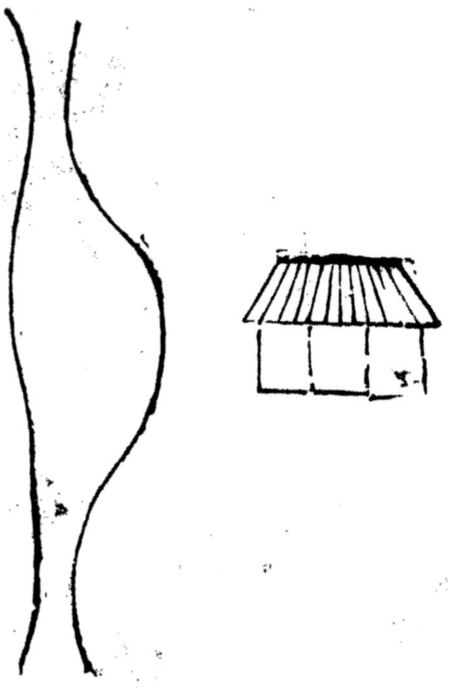

抄估籠柞
午臂馬腿水來
沖抄估定知踪
前後左右俱無
論逃走又貧窮

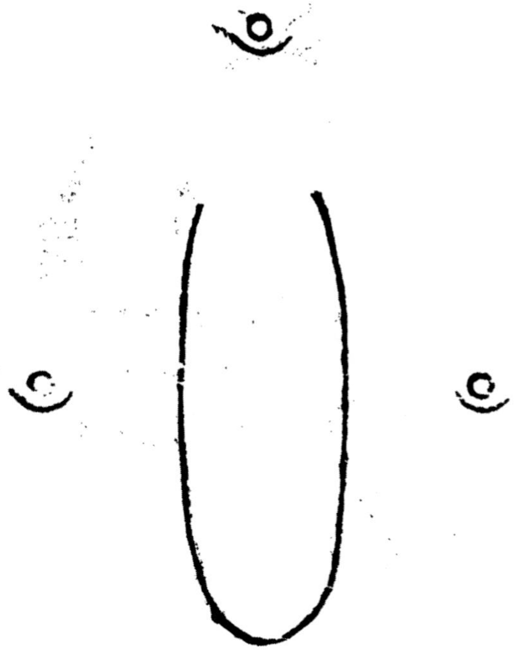

格同上
此格總非宜
不死與生離

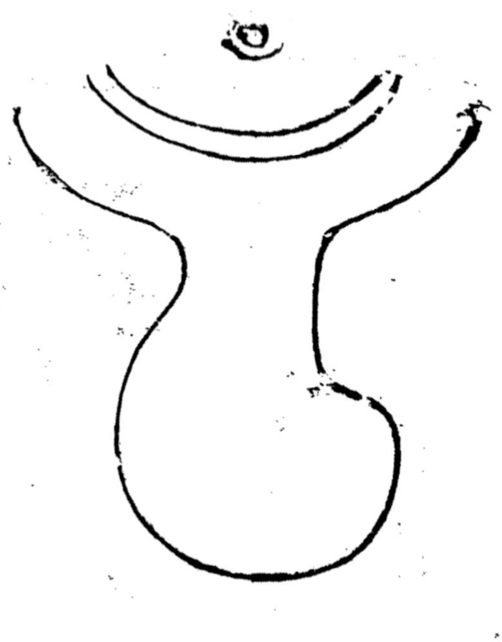

叉水格

局若有丁叉

處定無吉地

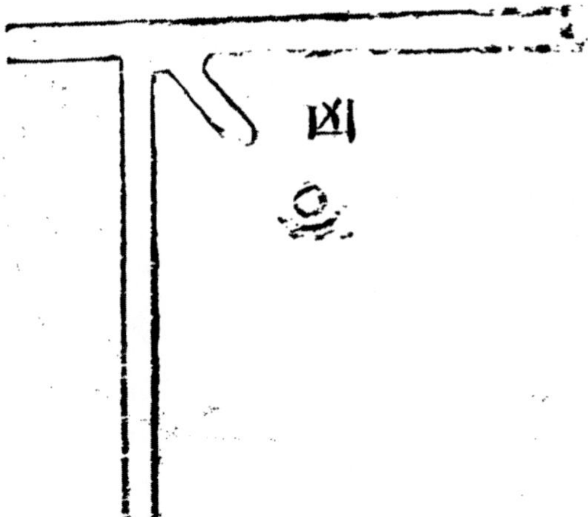

葫蘆形格

白虎河中帶土墩

明是葫蘆毒藥形

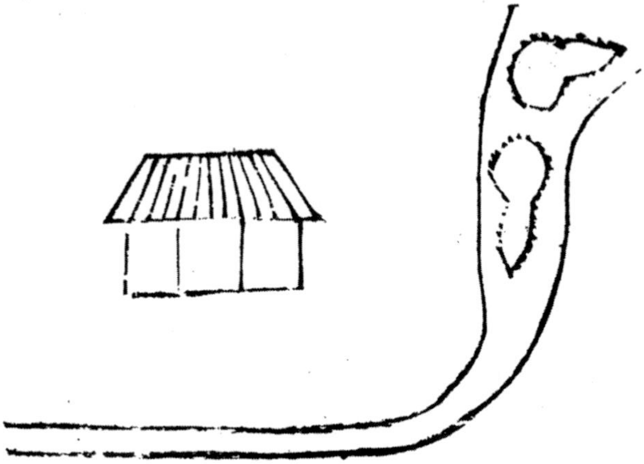

斜角分飛格
斜角分飛地
主貧窮徒配

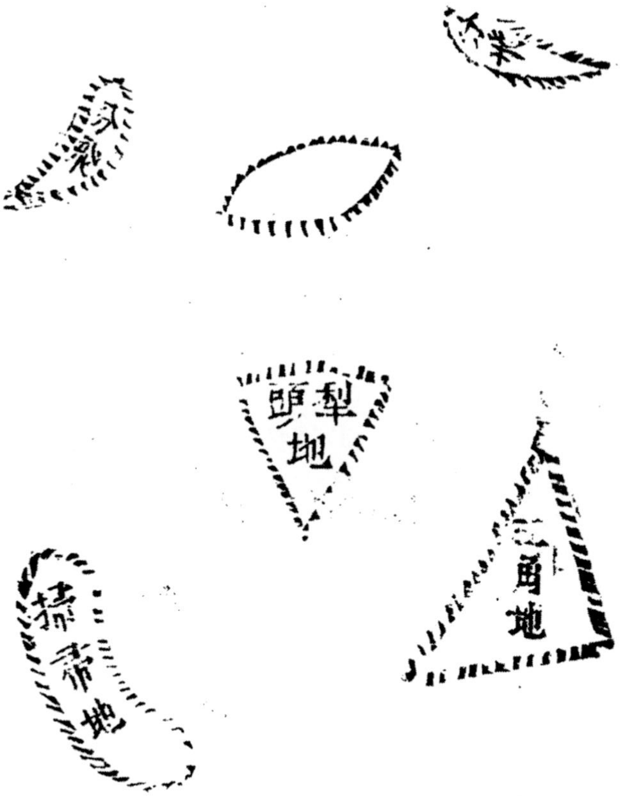

淫慾地格

形似掀裙并鴨頭

又見媳婦上秦樓

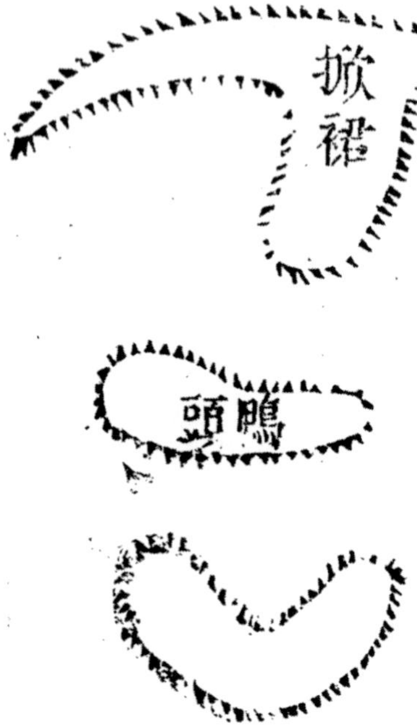

分背水格

家背之水兩分流

財散丁稀門戶休

凡岡坑之水停滯

不流者亦大不祥

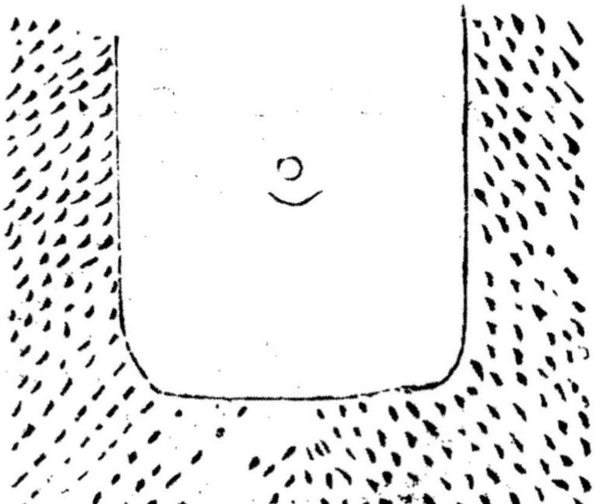

格同上
水形四散
婦女難產
家業飄颻
發嗣必斬

沮洳水格

沮洳之水又乾又濕
積垢圭苔泥濘瀊漫
如蝦蟆背如牛鼻汗
非水非陸汗之生患
子孫瘋狂形神不莊
水蠱腫脚惡疾羸尫

亂水格
水如敗絮
亦似亂麻
禍殃立至
狂亂淫邪

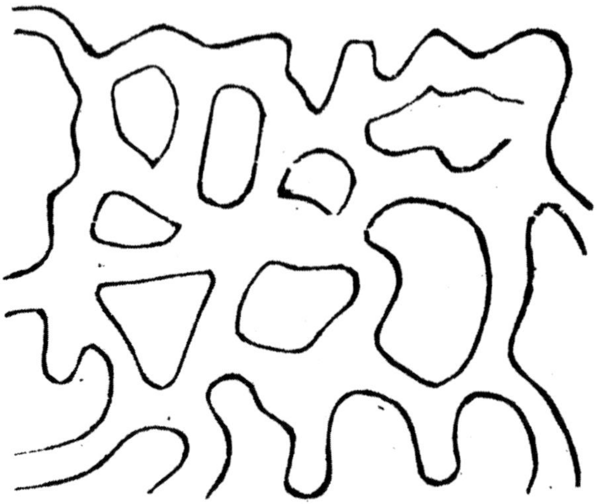

水龍經卷五下終

蔣大鴻氏著水龍經形家竊秘之而所傳多偽託吾
友澹泉張君遂於地學嘗得程逕亭先生校定眞本
手抄而弆之余不事此固未遑求覽也丙寅秋杪館
于虞山見照曠閣主人刊書二千卷次第告成更欲
覓水龍經眞本介余丐于澹泉余固知嘉惠後學之
心二張君同也爲作之合披閱之下灑然爽然眞贗
判然自此被其澤者廣矣豈惟蔣氏之書晦而必彰
哉至此書之源委本末則逕亭先生序中詳之矣茲
不復贅婁東印溪氏曹璞跋

婁東家澹泉藏有雲間蔣大鴻水龍經爲鶴市程逕亭校定本與堪輿家秘鈔之本迥别其言辭枝錯局與山龍無異詞義明達非術家所能實與楊賴微旨相發明知傳抄之僞本可嗤也序中言以水龍爲體更以九宮三元易卦乘氣爲用是其學無所不通不專一家之說神而明之知水龍之形體而理氣之妙亦寓乎其中洵可寶已世徒知地理辨正全變理氣諸說以大鴻不談理氣是未深窺大鴻之學者也琴川張海鵬識